近藤大介

JN275908

中国経済「1100兆円破綻」の衝撃

講談社+α《プラスアルファ》新書

まえがき

中国政府が自ら予測する「最悪の近未来」

「中国経済は、いったいどうなってしまうのか?」
「中国経済は、内部でいま何が起きているのか?」
最近、こんな質問をよく寄せられる。

実はこうした質問に対する「回答」を、2015年の「国慶節」(10月1日の建国記念日)の直前に、中国政府自身が作っている。中国国務院(中央官庁)で財政分野と投資分野をそれぞれ統括する、財政部と国家発展改革委員会の官僚たちが、共同でまとめたとされる〈中国経済の近未来予測〉なるものの内容が漏れ伝わってきている。

それは一言で言えば、悲観的な未来予測だった。

まず短期的には、生産過剰、(不動産や株式などの)資産価格バブルの崩壊、地方政府債務の増大という「三大要因」によって、中国経済がかなり深刻な状態に陥るだろうと予測している。

この危機的状況から脱却する最も望ましい方策は、中国経済を牽引する「三頭馬車」と言われる輸出、投資、消費のうち、消費を伸ばすことである。実際、２０１４年のＧＤＰにおける消費が占める割合は、51・９％と過半数を超えた。だが経済の悪化に伴い、国民の消費は、今後頭打ちになると見込まれる。また輸出も、世界同時不況の様相を呈してきているため、急回復は望めない。そうなると中国経済は結局、政府主導の投資に頼らざるを得ない。

しかしながら、経済は下降傾向にあり、資産価格バブルは崩壊し、利率は高く、政府が全国に下達する各種通達は矛盾に満ちている。これらがすべて、投資を抑制する要素として働くため、投資を増大させることもまた、困難だとしている。実際、２０１５年上半期の固定資産投資は、前年同期比で11・４％増加しているものの、その前年の15・７％増に比べて増加の幅は後退している。

つまり、これまで中国経済を牽引してきた馬車は、いまや三頭とも息切れ状態なのである。その結果、中国経済はこの先、かなりのレベルまで下降していくだろうというのが、中国政府の見立てなのだ。

そうなってくると、銀行は自己防衛本能を働かせ、貸し渋りに走る。そして銀行の貸し渋りによって、さらに景気は悪化する。だがもしも中国政府が、強制的に銀行の貸し渋りを方向転換させるならば、今度は銀行が大量の不良債権を抱え、破綻リスクが高まっていく。

さらに、経済の悪化が雇用の悪化を招く。2015年7月には、中国全土で749万人もの大学生が卒業したため、いまでさえ雇用は大変厳しい状況だ。

そのため、2016年—2020年の「国民経済と社会発展の第13次5ヵ年計画」では、GDPの目標については言及しないだろうとする見方が、中国政府内部で広がっている。高い目標を掲げても、単なる絵に描いた餅になる可能性が高いからだ。換言すれば、中国のGDPはこの先、大幅に下降していくということに他ならない。

そのような状況下で、2017年秋の第19回中国共産党大会を迎える。「習近平政権10年の折り返し地点」にあたる第19回共産党大会に向けて、激しい権力闘争が予想される。

本来なら経済分野は、国務院総理であるナンバー2の李克強《りこくきょう》首相の責任だ。だが、習近平《しゅうきんぺい》国家主席は李克強首相の権限を事実上、剝奪しているに等しいので、習近平主席の経済運営責任が問われることになる。そしてそうした党大会へ向けた仁義なき権力闘争が、さらに経済停滞を加速させることになる――。

このような現在の中国経済が抱える諸問題を、できるだけ分かりやすく述べたのが本書である。

第1章では、2015年夏に起こった中国株の大暴落によって、国民の家計があっという間に消失していく様を詳述した。中国メディアは、わずか3週間で7000万人の「股民《グーミン》」（個人投資家）が、平均40万元（約800万円）＝560兆円も損失したと報じている。第2章では、中国経済を巡る社会主義と市場経済の摩擦について論じた。その摩擦の中心は、中国の富の6割を握る国有企業で、民営化どころか、市場の寡占化と共産党の指導強化が進んでいる。

第3章は、8月11日から3日連続で人民元の対ドルレートを計4・5%も切り下げた問題を取り上げ、人民元国際化に向けた習近平政権の野望と苦悩について述べた。最後の第4章は、同年8月12日夜に天津で起こった大爆発事故と、習近平主席が仕掛ける権力闘争がもたらす経済損失について論じている。

総じて言えば、公になった数値だけを見ても、地方政府の債務は邦貨で480兆円以上に上り、銀行の不良債権も発表されただけで36兆円に達する。そして2015年夏の株価暴落による560兆円の消失――この3つを足し合わせると、実に1100兆円近い。ところがこの「1100兆円の損失」も序章に過ぎず、中国経済のさらなる悪化が待ち受けているのである。

私は、1989年の天安門事件以降、中国報道に関わり始めて、すでに25年余りになる。これまで100回以上訪中し、現在でも2ヵ月に一度は中国取材を行っている。本書の内容も基本的にはすべて、最新の中国取材に基づいたものだ。拙著『「中国模式」の衝撃』（2012年）、『対中戦略』（2013年）、『日中「再」逆転』（2014年）に続く習近平時代の中国分析第4弾となる。

本書が、広範な読者の「中国への疑問」の解決に、少しでも寄与できれば幸甚である。

近藤大介

中国経済「1100兆円破綻」の衝撃◉目次

第2章

中国経済はもはやレッドゾーン
ウソだらけの統計数値と経済オンチの国家主席

第3章

人民元切り下げ騒動のゴタゴタ
IMF乗っ取り・AIIB設立に垣間見える中国の野望

第４章

権力闘争という経済損失
習近平と江沢民「仁義なき最終戦争」の行方

第1章

中国株大暴落の全真相

「中国政府が胴元の賭博場」は限界だ

習近平主席の誕生日に始まった暴落

2015年6月15日――この日は、習近平《しゅうきんぺい》国家主席の62回目の誕生日だった。

中国人なら誰もが知っている習主席の誕生日なのに、中国のネットや、5億人以上が利用している中国版LINEの「微信《ウェイシン》」(WeChat)には、祝福のメッセージどころか、怨嗟《えんさ》の声に満ちあふれていた。

「『中国の夢』は、一体どうなったんだ⁉」

「今日は年に一度の晴れの日ではなかったのか?」

習主席の誕生日の朝から、中国ではほとんどの株価が、まるで底が抜けたように落ち始めた。前日終値で5178ポイントと、実に8年ぶりの高値に沸いていた上海《シャンハイ》総合指数(中国株の主要指標)は、たちまち5048ポイントまで下落。その後、やや値を戻して、この日は5062ポイントで終えた。一日で2%も暴落したのだ。

6月末に、全国の銀行は、中国銀行業監督管理委員会に対して、上半期の会計報告を義務づけられていた。そのため、銀行が証券業界に貸し付けている資金の回収に走った。その結果、経済実態と大きくかけ離れていたバブル状態の株価を、支えきれなくなったのである。

習近平主席の誕生日は、まさにケチのつき始めだった。この日以降、6月16日が3・47％の下落、17日にやや持ち直したものの、18日に3・67％下落。19日には、何と6・42％も下落した。まるで坂道を転げ落ちるように下落が続いたのだった。

中国の夢――これは習近平主席が、2012年11月15日に、第18回中国共産党大会で、中国を実質的に支配する共産党のトップ（党中央委員会総書記）に就いた時から唱え始めた、習近平政権のキャッチフレーズだ。正確には、「中華民族の偉大なる復興という中国の夢を実現する」だが、中国の一般庶民は、誰もそんな長い文句は覚えておらず、ただ「中国の夢」と思っている。

暴落直前の週末は多くの中国人が「中国の夢」に酔いしれた。だが週明けの月曜日、中国人の言う「断崖式跳水《ドゥアンヤーシーティアオシュイ》」（断崖からの跳び込み）が幕を開けた。「中国の夢」どころか、「中国の悪夢」の始まりである。

深圳《しんせん》証券取引所がある広東《カントン》省で一番人気の夕刊紙『羊城晩報』(2015年7月3日付)によれば、2015年5月末時点で、上海と深圳の両証券取引所に登録している「股民《グーミン》」(個人投資家)は、2億1578万6700人。そのうち、休眠状態にある口座が4050万4500人分あるので、実際に日々、株取引をしている「股民」は、1億7528万2200人だという。5月には、一日あたり平均59万4000人が新たに取引口座を開設していた。

また、中国株の保有時価総額の実に82%が、「股民」によるものだ。外国からの投資は厳しく制限していて、全体の2%にも満たない。この点は、7割以上を外国の機関投資家が占めている東京市場などとは、大きく異なっている。

1億7528万人ということは、一人っ子政策が約35年間も続いた中国では、一家3人が標準家庭なので、4億から5億人の家庭が株に関係していた可能性がある。2014年末の中国の人口は13億6782万人と発表されているから、国民の3分の1くらいが、家族の誰かが株に興じていたとも見られる。

ちなみに中国株が急上昇を始めたのは、2014年秋からだった。そして誰もがハッピーな顔をするようになったのは、２０１５年に入ってからだ。

8年ぶりの株式バブル

２０１５年4月に、筆者が北京を訪れた時のこと。

２０１２年末に習近平総書記が出した「八項規定」（贅沢禁止令）によって、すっかり縮こまっていた中国の友人知人が、急に気前よくご馳走してくれるようになった。北京ダックから、年代ものの張裕《ジャンユィ》ワイン（山東省の中国を代表するワイナリー）まで、何でもござれである。

恐縮する私に対して、彼らは一様に同じセリフを口にした。

「いいんだよ、明日も株で儲ければいいいんだから」

たしかに、その時の北京っ子は、多くが株に熱狂していた。「昨日いくら儲けた？」とか、「何の株買ってるの？」という言葉が、日常の挨拶代わりになっていた。

驚いたのは、北京首都国際空港から市内へ向かうため、タクシーに乗ったときだ。高速道路に入ったとたん、運転手がスマホを取り出してハンドルの上に置き、株の売買を始めたのだ。

北京オリンピックをちょうど1年後に控えた2007年夏に北京を訪れた時も、同様の光景が広がっていた。その頃は多くの人々が、いつでもどこでも株取引ができるように、液晶画面付きの携帯電話を買っていた。中国で携帯電話が一気に普及したのは、株取引のために他ならなかった。

2015年4月も、北京っ子たちは、「いつでもどこでも株取引」状態だった。レストランに入ると、どの円卓でも皆がスマホやiPadで株に興じているため、中国特有の喧騒感がなく、妙にひっそりしている。レストランのトイレに行っても、男たちが小便をしながら、スマホの液晶画面に見入っている。映画館では上映から30分も経たないうちに、あちこちの席でポッと光が灯《とも》る。観客がスマホを取り出して、映画そっちのけで株取引を始めているのである。デパートでも、客を無視して株に興じている女性店員を見かけた。

実に8年ぶりのブーム到来だった。

「牛市」なら牛乳、「熊市」ならマージャン

　8年前に取材した下町の証券会社へも、再度足を運んでみた。

　中国株の習慣では、上昇した銘柄を赤色で、下落した銘柄を緑色で表示する。2007年に訪れた時は、午後3時に「後場」が引けて、前面の電光掲示板が赤一色だと、証券会社の社員たちが、客に紙パックの牛乳を配っていたものだ。英語の株式用語からの翻訳で、中国では市場が上昇する状態を「牛《ニウ》市《シー》」、下落を「熊市《シオンシー》」と呼ぶ。そのため皆で牛乳を飲んで、「明日も牛市で行こう！」と景気づけるのである。逆に、緑色の「熊市」で引けた時には、証券会社の前のスペースに、いくつものマージャン台を置いた。これも「客サービス」の一環だった。その日、株で損した客たちは、知らない者同士でマージャン卓を囲んで、一日の負けを取り戻そうというわけだ。

　8年ぶりにその証券会社を訪れたところ、相変わらず賑わっていたが、牛乳サービスもマージャンサービスもなく、若者たちが消えていた。若者はネット

取引で株の売買を行うため、いちいち証券会社の店頭に足を運ばないのだ。

激しい浮沈を繰り返した中国株の歴史

2015年夏の暴落について詳述する前に、中国株の歴史について簡単にふりかえっておきたい。

中国株は1990年の末に、2大経済都市の上海と深圳に、証券取引所が設置されて始まった。

その前年の6月には、人民解放軍の戦車部隊が天安門広場に繰り出し、民主化を求める1000人以上の若者を虐殺した「天安門事件」が起こった。これに懲りた「2代皇帝」の鄧小平《とうしょうへい》は、「政治は社会主義を堅持するが、経済は市場経済を目指す」方針を固め、国民の金儲けを奨励するようになった。その象徴として、証券取引所を設置したのだ。

その後、上海総合指数は1997年に1000ポイントを突破。2000年には2000ポイントを超えて、第1次中国株ブームが起こった。この頃、江沢民政権は大胆な国有企業改革を進めており、5000万人近い失業者たちが街に溢れ出ていた。彼らを救ったのは、株ブームによる景気回復だったと言われる。

その後、中国株はいったん低迷するが、2006年から2007年にかけて、第2次中国株ブームが到来する。2008年夏の北京オリンピックを前に、中国は世界中の鉄鋼を「爆買い」し、空前の建設ラッシュに沸いていた。

その頃、中国人は、株で儲けてマイホームとマイカーを買うというのが、チャイニーズ・ドリームのスタイルとなった。2006年年末の終値は2675ポイントで、前年の終値と比べると、130％もアップした。

だが、2007年10月に6429ポイントまで跳ね上がった上海総合指数は、そこから暴落し始め、「暗黒の7年」と呼ばれた停滞期を迎える。2013年年末の終値は2115ポイントと、13年前の水準まで落ち込んでしまった。

そこで2014年夏頃から、習近平政権は、信用取引（レバレッジ）を後押しするようになった。信用取引とは、株式口座を開設して2年以上経っている、あるいは過去1年以内に株の取引を行っているといった条件を満たしていれば、自己資金の何倍もの投資を行える制度だ。

信用取引は、第18回中国共産党大会前の2012年8月に、低迷する株価を押し上げようと、試験的に一部で導入していた。だが、多くの中国人が株にのめり込んでしまう事態をおそれ、政府としては奨励していなかった。そのアヘンのような信用取引を、習近平政権は後押し始めたのである。

これによって「股民」たちは再び目覚め、中国株の「爆買い」を我先にと始めた。2014年秋頃から第3次中国株ブームが到来し、年末の終値は3234ポイントと、前年の終値に比べて、52％も上昇した。深圳証券取引所は、2014年の全取引額の37％にあたる27・5兆元（約550兆円）が、信用取引——実体のないマネー——によるものだったと公表している。

今回で6度目の「習近平暴落」

2015年に入ると、中国株はさらに急上昇を続けた。冒頭でも述べたように6月12日の金曜日には、上海総合指数が5178ポイントを付けて取引を終えた。2年前と比べると上海総合指数は2・5倍を超えていた。2013年にアベノミクスが持て囃《はや》された頃と似ていて、毎日がイケイケムードだった。「習近平主席は、政権のキャッチフレーズである『中国の夢』を、自らの誕生日に国民にプレゼントしてくれるはずだ」

1・7億人もの「股民」は、週明けの習近平主席の「誕生日相場」に淡い期待を抱いて、一気に勝負に出た。だが結果は、その日から3週間で、上海総合指数が34%も下落したのだった。

こうした経緯から、中国の証券業界では、6月15日を「6度目の習近平暴落」と、密かに呼ぶようになった。過去にも5度にわたって「習近平暴落」が起こっていたのだ。

2007年10月、上海総合指数は、過去最高の6429ポイントに達した。だがこの直後に、第17回中国共産党大会が開かれ、習近平・上海市党委書記が共産党序列6位に上がった。それは5年後の2012年に、胡錦濤《こきんとう》総書記の後継者に内定したことを意味していた。上位5人は2012年に全員引退することが決まっていたからだ。

北京大学で経済学博士号を取得している経済通の李克強《りこくきょう》・遼寧《りょうねい》省党委書記も、この時、共産党序列7位に上がったが、序列で習近平に敗れた。いかにも経済オンチ風の指導者である習近平が後継者に内定したことで、市場はドン引きし、暴落が起こった。これが1回目の「習近平暴落」である。

この1回目の「習近平暴落」の余波は大きく、その後も上海総合指数は落ち続けた。中国の経済専門家たちは、「5000ポイントを切ったら中国に経済危機が到来する」と警告した。だが5000ラインは、あっさり切ってしまった。次は4000ポイントがレッドライン、3000ポイントがレッドラインと言われたが、それらも次々に突破して下落が続いたのだった。

「建国底」を突破し、「アヘン戦争底」寸前まで

2012年の「大発会」(1月4日)の時点で、上海総合指数は2212ポイントまで落ちたものの、その後は何とか持ち直した。

同年11月15日、第18回中国共産党大会で、習近平が正式に新総書記に就任。

新総書記は、李克強、張徳江《ちょうとくこう》、兪正声《ゆせいせい》、劉雲山《りゅううんざん》、王岐山《おうきざん》、張高麗《ちょうこうれい》という、これから5年間を担う「トップ７」(党中央政治局常務委員)の面々を内外の記者たちに紹介した。

この時、私も北京で共産党大会を取材していた。新たな「トップ７」の発表を受けて、国営新華社通信や中国中央テレビ(ＣＣＴＶ)を始めとする中国メディアの記者たちからも、失望のため息が漏れていたのを記憶している。

実際、いかにも軽量級の面々で、今後の経済運営が不安視されたことから、再び株価の暴落が始まった。11月21日には、ついにウルトラ・レッドラインと言われた２０００ポイントを割ってしまった。これが「第2次習近平暴落」だ。

２０１３年に入ると、中国株は再び小康状態に入った。だが、習近平総書記を国家主席に選出する全国人民代表大会の開幕を翌日に控えた3月４日、上海総合指数は前取引日比３・６５％安の２２７３ポイントという暴落を見せたのだった。これが証券業界で言われる「第３次習近平暴落」である。

続いて２０１３年6月、習近平主席60歳の誕生日前後から続落。上海総合指数はまたもや２０００ポイントを割り込み、最大の危機を迎えた。１９４９年に中華人民共和国が誕生したことから、国民は１９４９ポイントまで落ちることを「建国底」と呼んで恐れていたが、あっさり突破。アヘン戦争で敗れて「屈辱の百年」を迎えるきっかけとなった「１８４０年」まで落ち込む寸前の１８４９ポイントで、何とか踏みとどまった。これが「第４次習近平暴落」だ。

さらに、２０１３年11月９日から12日まで、習近平政権の５年間の方針を策定する「３中全会」（中国共産党第18期中央委員会第３回全体会議）が開かれた。その「公報」（コミュニケ）が最終日夕刻に発表されると、国民の間には失望感が蔓延。翌13日から株価の暴落が止まらず、上海総合指数はあっという間に２１００を切り、同日の終値は、前日比１・８１％安の下落となった。「第５次習近平暴落」である。

２０１４年に入ると、株価の低迷に加え、長らく続いてきた不動産バブルの崩壊も顕著になってきた。そこで習近平政権は、同年夏あたりから株の信用取引を後押しするようになった――以上が２０１４年までの流れである。

株価低迷に絶望して「跳楼」

２０１５年に入ると、まさに２０１３年のアベノミクス相場のようなことが、中国でも起こった。前述のように、猫も杓子《しゃくし》も株、株、株の状態である。

そして冒頭で述べたとおり、６月15日の習近平主席の誕生日を境に、狂喜乱舞だった１・７億人の「股民」たちは、意気消沈に変わった。信用取引によって、自己の投資額の何倍もの損失を出した「股民」が、中国全土で続出した。

６月後半から中国メディアでは、「跳楼《ティアオロウ》」（飛び降り自殺）という言葉が、連日報道されるようになった。そのため「跳楼」という言葉は、にわかに流行語になった。

「跳楼」第1号とされる人物は、中国南部の湖南《こなん》省に住む侯《こう》という姓の32歳の男性だった。６月10日の夕刻、省都・長沙《ちょうさ》市に建つタワーマンションの22階から、飛び降り自殺を遂げた。

その日の午後３時過ぎ、証券市場が終了した後、侯氏は「金儲けをしたい屍《しかばね》」と題した「遺書」をネット上にアップしている。

〈この世界に別れを告げるにあたり、私はこれだけ言いたい。賭けをする者は、負けたら負けに従うべきだと。

私は全財産を担保に、170万元（約3400万円）という4倍の信用取引で、「中国中車」の株を買った。だが、その結果たるや……。

もう誰も恨まない。いまは自己の欲望を愚かだと思うばかりだ。

そもそもは家族に安らかな生活を送ってほしいと思って始めたのだ。それがまさか、わずか1日で全財産をスッてしまうとは。

もういい。私の家族よ、君たちを愛している。そしてこの世界を愛している〉

侯氏が飛び降りた日、「中国中車」の株価は、1日で9・73％も暴落した。中国株は、一日の取引で10％下がると取引停止となるので、ほとんどストップ安の状態である。

この侯氏の悲報に続いて、全国各地で次々に「跳楼」のニュースが報じられるようになった。例えば江西《こうせい》省の省都・南昌《なんしょう》では、180万元（約3600万円）の借金をこしらえた妻を、夫がマンション5階の部屋から突き落として死なせてしまうという事件が起こった。この当時、「百度《バイドゥ》」（中国最大の検索エンジン）を使って「跳楼」で検索をかけてみたら、何と636万件もヒットした。株価暴落の影響で、中国各地で「跳楼」が続出していたのだ。

このため中国共産党中央宣伝部は、全国のメディアに通達を出し、「跳楼」のニュースを報じることを、全面的に禁止した。それまでネット上に出ていたものは、ことごとく削除した。加えて、「跳楼一号」と呼ばれる侯氏の父親を官製メディアに引っ張り出し、「息子の死は株価暴落が原因ではなかった」と証言させたりもしたのである。

後から「否定」するニュースが流れたら、真実である証拠

私は普段、100人ほどの中国人と「微信《ウェイシン》」で交信している。冒頭でも述べたとおり、「微信」は中国版のLINEで5億人以上が利用している。

そこで侯氏の「跳楼」の一件について、最初に出た自殺報道と、その後、官製メディアが否定した報道と、果たしてどちらのニュースが真実なのかを、知

人である北京のメディア関係者に「微信」で聞いてみた。すると、たちまち次のような返信が来た。

〈全国の「股民」が「跳楼」したというニュースが出るたびに、党中央宣伝部が否定のニュースを後から流させている。共産党から「指導」が入れば、どんなメディアだろうが従わざるを得ない。つまり否定のニュースが出たということは、もとのニュースが真実だったという意味だ〉

中国のニュースは、奥深いのだ。

その後、中国の友人知人と「微信」を交わしているうちに、「自分は50万元スッた」「俺は100万元だ」などと、私の身近な人たちも少なからぬ損失を被っていることが分かった。ちなみに知人で最高額は、「1000万元の損失」だった。約2億円に上る大金だ。

前出の北京のメディア関係者は、ついでに「いま中国で流行っている小咄《こばなし》」を、「微信」で送ってくれた。その名もズバリ、「跳楼」というタイトルだ。

男　この高層マンションの屋上に上がりたいのだが。

管理人　お前さん、一体いくら損したのかね？
男　実は、50万元ほど……。
管理人　それならば、2階までだ。そこの階段の行列に並びなさい。
男　なぜ上階へは上がれないのか？
管理人　損失額が100万元以上で3階、500万元以上で4階だ。5階以上は、1000万元以上損したVIPのみを通している。

少なくとも7000万人が8000万円以上の損

結局、6月15日から7月8日までのわずか3週間に、上海総合指数は、5178ポイントから3507ポイントへと、34％も下落してしまった。日本で言えば、2万円あった日経平均株価が、3週間で1万3200円くらいまで下落したことを意味する。

しかも、前述のように中国株の場合、中国政府が海外からの投資を厳しく制限しているため、主たる投資家は海外の機関投資家ではなく、82％が「股民」

(中国国内の個人投資家)なのだ。中国メディアは、最低でも全国で7000万人以上が、平均40万元(約800万円)損したと報じた。この数字は、かなり控え目に見積もったものと思われるが、それでも560兆円が消失したことになる。

一昔前までは、株で儲けてマンションと車を買うというのが、一般的な中国人の人生設計だった。ところが、2014年秋から2015年夏にかけての第3次株ブームでは、すでに持っているマンションと車を売って株に投資するという人が続出していた。なぜなら不動産バブルがすでに崩壊していたため、株ほど高配当の投資は、他に存在しなかったからだ。それだけに、被害は甚大なものとなった。

悲劇は、大学のキャンパスにも及んだ。国営新華社通信の調査によれば、6月15日の大暴落の時点まで、中国の大学生の実に31%(約790万人)が、日々株の売買に興じており、そのうち26%は5万元(約100万円)以上もつぎこんでいたという。そのため大学生の破産者が、にわかに社会問題化した。

それどころか、中国全土で高校生、中学生、果ては小学生まで、株に夢中になっていた事実が明らかになった。中国は２０１３年まで約35年間にわたって一人っ子政策を貫いてきたが、親が築いた財産を、一人っ子が成人する前に食い潰してしまった構図だ。

２０１５年７月、私が北京首都国際空港に降り立つと、３ヵ月前のように、空港で誰もがスマホをいじって株取引をやっているような光景は、もはや見られなかった。その代わり、私がスマホの電源を入れると、大学生の株破産と無関係とは思えない怪しいメッセージが、いくつも飛び込んできた。

〈本物の北京の女子大生を斡旋します。彼女たちはいま夏休みで、心と身体を持て余しています。電話をもらってから1時間以内に、ご指定の場所にとびきりの美女を派遣いたしますので、いますぐお電話を……〉

株価暴落の翌日に「旅行」に出かけた習近平

それでは、これほどの株価暴落を受けて、習近平政権は、一体どのような対策を講じたのか。結論を先に言えば、この時も習近平主席は、経済オンチぶりを見せつける行動に出たのである。

株価暴落が始まった翌日の6月16日、習主席は自らの「誕生プレゼント」として、2泊3日の旅行に出かけた。目的地は、貴州《きしゅう》省の遵義《じゅんぎ》である。習主席が誰よりも尊敬する故・毛沢東主席が1935年、「遵義会議」を開いて中国共産党の権力を掌握した「聖地」を訪れたのだ。

中国中央テレビのニュースは、習主席が、「聖地」を一歩一歩踏みしめる様子と、いかに毛沢東主席を髣髴《ほうふつ》させる偉大な指導者かということを、繰り返し報じた。その一方で、株価暴落や、それに警鐘を鳴らすような報道は、党中央宣伝部によって封じ込められてしまった。

思えば「初代皇帝」の毛沢東主席もまた、極度の経済オンチとして知られた。1958年に大躍進と称して「15年でイギリス経済を追い越す」と意気込み、国中の鋤《すき》・鍬《くわ》から鍋まで鉄鋼に変えようとした結果、約3500万人の国民を餓死させている。晩年の1966年には紅衛兵を動員して文化大革命を起こし、丸10年にわたって国の経済を麻痺させた。

歴史に「もし」はないが、1949年の建国当初から「2代皇帝」鄧小平が指導していれば、中国は20世紀のうちに、アメリカを凌ぐ世界最大の経済大国に変貌を遂げていたに違いない。

ところがいまの「5代皇帝」習近平主席も、毛沢東主席以来の経済オンチなのである。早期に北京で対応にあたっていれば「致命傷」は防げたかもしれないのに、3日間も西部の山奥にある「毛沢東の聖地」に籠《こも》ってしまったのだ。

中国株の底が抜け、目を覆うばかりになっていた7月7日。この日は、8年間にわたる抗日戦争のきっかけとなった盧溝橋《ろこうきょう》事件が1937年に勃発して78周年の記念日だった。そこで習近平主席は、株価暴落で自殺者が相次いでいるにもかかわらず、中国共産党の「トップ7」を全員引き連れて、北京郊外の盧溝橋にある中国人民抗日戦争記念館を訪問したのだった。

これにはさすがに中国人たちも呆れたようで、私の「微信」には、普段は見られない習近平批判がいくつも入ってきた。

〈いまは「抗日戦争勝利」より、「金融戦争勝利」を優先すべき時だろうが！〉

〈「中国の夢」を唱える暇があれば、一刻も早く「股災《グーザイ》」の火を消してくれ〉

ちなみに、「股災」（株の災い）という「跳楼」と並ぶもう一つの流行語も、瞬く間に中国当局によって、インターネットやSNSから消されてしまった。

また、ある中国共産党関係者は、私に次のような見立てを開陳した。

「習近平主席は、今回の株暴落に乗じて、欧米のヘッジファンドとつるんでいる江錦恒《こうきんこう》を捕えようとしている。経済よりも、最大の政敵である江沢民元主席との権力闘争の方が大事なのだ」

たしかに江沢民元主席の長男である江錦恒は、10年間にわたって中国科学院上海分院長として、上海の通信利権を一手に握ってきたが、2015年1月に事実上、解任された。そして同年8月下旬には、中国のインターネット上で「当局に拘束された」とのニセ情報が飛び交ったのだった。

12兆円投入しても〝焼け石に水〟

経済学博士の李克強首相率いる国務院(中央官庁)は、さすがに今回の事の深刻さに危機感を抱いていた。

6月27日、国務院傘下の中国人民銀行(中央銀行)は、2015年に入って

３度目となる政策金利の引き下げを発表。２日後の29日には、「今後は公的年金基金の最大３割、６０００億元（約12兆円）を投入し、中国株を購入して支えていく」と発表した。

７月に入っても、４日に証券業界を管理監督する中国証券監督管理委員会が、大手証券会社21社に、総額１２００億元（約２兆４０００億円）以上を株式投資にあてさせると発表。これで上海総合指数が４５００ポイントを回復するまで、各社とも保有株を売却できなくなった。

国務院も同日、当面ＩＰＯ（新規株式公開）を認めない方針を定めて、予定していた28社のＩＰＯの延期を決めた。これは、上場企業が増えることによって、上海総合指数が下がるのを防ぐ措置だった。

７月８日には、中国証券監督管理委員会が再度、５項目からなる機関投資家の「株式売却禁止措置」を発表した。

だが、こうした一連の措置も、巨大な中国株市場では、まるで激しい山火事に消防車が放水しているようなもので、中国株の「パニック売り」は収まらなかった。７月８日には、ついに約半数にあたる１３００社余りの銘柄が、ストップ安などから取引停止となった。

こうして、世界第2位の時価総額を誇る株式市場が、わずか3週間余りのうちに半死の状態に陥ってしまったのである。

最後は証券監督管理委員会を恫喝

最後は習近平主席自らが、「習近平流」の方法で「止血」を行った。

習主席は、2015年6月11日に、最大の政敵である江沢民《こうたくみん》元主席（89歳）の「財布役」と言われた周永康《しゅうえいこう》・前党常務委員を、無期懲役刑を科して監獄にブチ込んだ。そのことによって、周永康被告が握っていた石油閥、四川閥、公安閥の3大利権のうち、公安閥が動揺するのを恐れた。

そこで6月26日、浙江省党委書記（2002年〜2007年）時代に同省で子飼いだった孟慶豊《もうけいほう》を、公安部副部長（警察庁副長官に相当）に抜擢した。公安部内部の周永康派の一掃が、孟慶豊新副部長に求められた役割だった。

その孟副部長を、自らの名代として7月9日に動かしたのである。孟副部長が乗り込んだ先は、中国証券監督管理委員会だった。

同委員会を不意打ちした孟副部長は、「空売りを取り締まって、何としてでも株価を上げろ！」と凄んだ。かつこの日、上海市場と深圳市場に上場している計1439社を、取引停止にした。

このニュースを見た全国の「股民」たちは、「やはり習近平主席が守ってくれる」と信じ、再び「買い」に走った。それによって、株価は何とか下げ止まったのだった。結局、この日の上海総合指数は、前日比5・76％アップの3709ポイントで終えた。

習近平主席は、まるで日本のヤクザかアメリカ西部劇のカウボーイのような手法を取った。市場経済を標榜している国には、とてもふさわしくない「荒業」である。

だが、それでも完全な「止血」にはならなかった。7月末に、ダメ押しのように「2度目の悪夢」が中国の株式市場を襲ったのである。

7月27日、上海総合指数は、わずか1日で8・48％も暴落した。これほど大規模な「熊市《シォンシー》」（市場の下落）は、実に8年ぶりのことだった。

中国市場はどの銘柄も、1日に10%下がると取引が停止される。8・48%の暴落ということは、まさに全銘柄がストップ安に近い額まで暴落したことを如実に示している。上海総合指数は翌28日も、1・68%下落した。この2日間だけで10%以上、額にして1281億元(約2兆5000億円)の消失だ。

奥の手は、日本を真似て「年金基金で株式運用」

8月に入っても、株価の下落は止まらなかった。8月18日には、再び6・1%も暴落し、中国はまたもや大打撃を受けた。

そこで8月23日の日曜日、国務院は、株価上昇のための「奥の手」とも言える手段を出してきて、「火消し」に走った。正式に、「基本養老保険基金投資管理弁法」を公布したのである。

日本には、公的年金の積立金を運用する年金積立金管理運用独立行政法人(GPIF)があるが、これはいわば「中国版GPIF」による株式投資だった。「養老保険」とは、年金のことである。

そもそもは、6月後半の株価大暴落を受けて、6月29日に国務院が、「基本養老保険基金投資管理弁法に対する意見を各界から聴取する」と発表したのが始まりだった。中国国務院は、日本のアベノミクスなどを研究する過程で、「中国版GPIFによる株式投資」を思いついたものと推察される。

だが通常は、こうした新制度の「意見聴取」を発表してから正式公布するまで、半年近くはかかる。それをわずか2ヵ月足らずで正式公布したということは、いよいよ追い詰められ、背に腹は変えられないと判断したのだろう。

国内の個人株主が8割以上を占める中国市場では、いったん株価が下がり始めると、まるで底が抜けたように誰もが「売り」に走り、暴落に拍車をかけるという現象が起こってきた。

そうかといって中国の株式市場は、海外の機関投資家からの投資を警戒し、極端に制限している。そこで今後は、「中国版GPIF」という強力な中国政府系の機関投資家を投入することによって、高値安定した株式市場を形成しようとしたのだ。

私は北京で3年間、駐在員をしていたので経験があるが、中国では都市部の会社員は、いわゆる「五険一金」と言われる社会保障体系に入らなければならない。「五険」とは、養老（年金）保険、医療保険、失業保険、工傷（傷害）保険、生育（出産子育て）保険で、「一金」とは住宅積立金である。このうち養老保険、医療保険、失業保険と住宅積立金は、社員と企業の双方が積み立てる。残りの工傷保険と生育保険は１００％、企業負担となる。

養老保険の場合、会社員は年俸の８％を、企業は会社員の年俸の20％を養老金（年金）として積み立てねばならない。合わせて、社員の年俸の28％という高率で、このあたりは、やはり社会主義国である。

そのため、２０１４年末の全国基本養老保険基金の預り金は、累計で３兆５６４５億元（約70兆円）にも上っていた。

これまでの全国基本養老保険基金の規定では、「リスク回避を投資の原則とする」という理由で、銀行預金と国債購入という2通りの「投資」しか認めてこなかった。そのため投資利益は、年率2％にも満たない。

２０１４年の物価上昇率が前年比でちょうど2・０％なので、物価上昇分を差し引くと、実質上は損失を出していることになる。それを今後は、日本や世界と同様に、株式にも投資していこうというわけだ。

法律上は資産の3割まで投資に回せる。投資可能な基金は3兆5645億元のうち、約2兆元（約40兆円）とされるので、最大で6000億元（約12兆円）規模の巨額の資金が、株式市場に流入することになる。これだけ株式市場に投入すれば、日本のアベノミクスと同様、株価の上昇が期待できるというシナリオである。実際、わざわざ日曜日に発表したところに、翌月曜日からの株価急上昇という国務院の期待が感じ取れた。

2008年のリーマンショックに似てきた

だが、8月24日月曜日の上海総合指数は、惨憺《さんたん》たる結果となった。終値は8・49％の下落という8年ぶりの大暴落となったのである。中国の株式市場は、2015年内に徐々に始めていくであろう「中国版GPIF」の株式投資など、待っていられなかったのである。まさに中国語で言う「遠水救不了近火」（遠くの水は近くの火事を救えない）だ。

すでに述べたとおり、中国市場ではどの銘柄も、一日に10％下がると、ストップ安となってその日の取引が停止される。実際この日は、２０００銘柄以上がストップ安となり、株価が上昇したのは、わずか15銘柄にすぎなかった。わずか１日で、３兆９６００億元（約80兆円）も消失してしまった。

この時の大暴落の原因は、第３章で詳述するが、８月11日から13日にかけて中国人民銀行が突然、人民元の対ドルレートを約４・５％も切り下げたことに対する市場の混乱との見方が強い。まさに習近平政権による「股災」だ。

以前から、中国の金融業界では、「上海総合指数が３０００ポイントを切ったら、中国の銀行が破綻して金融恐慌が起こる」と囁《ささや》かれてきた。だが、市場はそんな懸念をよそに、あっさり３０００ポイントを割ってしまった。翌26日には一時、２８６６ポイントまで落ちた。中国株は、まるで底なし沼のようだった。

上海総合指数が３０００ポイントを割った８月25日、中国人民銀行は、約２ヵ月ぶりとなる立て続けの金融緩和を発表した。まず公開市場操作を行い、１５００億元（約３兆円）もの資金を市場に供給した。金融不安回避のための窮余の策だった。

続いて、銀行の貸出金利と預金金利の基準金利を0・25％引き下げ、それぞれ4・6％、1・75％とした。利下げは2014年11月以降、すでに5回目だった。加えて、銀行に対する預金準備率を0・5％下げて18％にした。預金準備率の引き下げも4月に行って以来、わずか4ヵ月で再度行った。

金利の引き下げと預金準備率の引き下げは、中国人民銀行が取り得る「2大手段」である。それを同時に発表したのは、リーマンショックの影響で世界金融が大混乱に陥った2008年12月22日以来のことだった。

おそらく中国人民銀行は、上海総合指数が3000ポイントを切ったら、こうした取り得る限りの措置を、即座に実施すると決めていたのだろう。換言すれば、中国は2008年のリーマンショックと同レベルまで、追い詰められてきたということである。

それでも株式市場の低迷は収まらず、6月の習近平暴落から3ヵ月余り経った9月21日の上海証券取引所の売買代金は2597億元に過ぎない。これは暴落前の6月8日の売買代金1兆3117億元の2割にも満たない。

中国共産党中央規律検査委員会は9月22日、証券業監督管理委員会の張育軍主席代理の拘束と解任を発表した。だがこの当局の「替罪羊《テイツイヤン》」（生《い》け贄《にえ》）第1号の発表にも、市場の反応は冷淡だった。

中国の株式市場は「政府が胴元になった賭博場」

それにしても中国株は、短期間に、なぜこれほどまで暴落したのか。それには、「中国の特色ある株式市場」について理解する必要がある。

中国の株式市場はそもそも、前述のように天安門事件がきっかけになって、1990年暮れに誕生した。国民が政治の民主化を二度と求めないように、民主の代わりに「金儲けの自由」を与えたのだ。加えて、国有企業の株式の一部を市場に放出することで、国有企業の活性化を目論んだのだった。

いまでは深圳市場は民営企業が中心となったが、上海市場は相変わらず国有企業が中心で、株式の一部を市場に出しているだけである。すべての国有企業の人事と経営は、直接的には国務院国有資産監督管理委員会が、間接的には中国共産党中央委員会が握っている。そのため共産党の幹部になればなるほど、ありとあらゆる国有企業のインサイダー情報が入ってくることになる。

中国が1992年に社会主義市場経済に移行したのは、「2代皇帝」鄧小平の決断だった。社会主義市場経済については次章で詳述するが、政治は社会主義で経済は市場経済という、世界のどこにもないユニークなシステムである。

この政経分離システムの理論を構築したのは、国務院発展研究センター常務幹事を務めた呉敬璉《ごけいれん》教授である。呉敬璉教授は、85歳になった現在も同センターの一研究員として論文執筆を続ける、中国で最も著名な経済学者だ。

その呉敬璉教授が2001年の正月、中国中央テレビの人気経済番組『経済半時間』のインタビューを受け、次のような爆弾発言をした。

「中国の株式市場というのは、いわば政府が胴元になった『賭博場』だ。それは先進国の株式市場とは、似て非なるものだ」

中国で最も尊敬される経済学者の爆弾発言に、国中が騒然となった。この発言に一部からは、「良心的経済学者がよくぞ言ってくれた」と称賛の声が上がった。だが、共産党お抱えの経済学者らを中心に非難囂々《ごうごう》となり、呉敬璉教授は一時、表舞台から干されてしまった。

そんな呉敬璉教授は、2014年11月に講演で、再び次のように述べた。

「私は改めて言おう。中国の株式市場は賭博場だ。しかもただの賭博場ではない。ルールのない賭博場だ。一部の人だけにすべての人の持ち札が透けて見えているような、万人に公平ではない賭博場だ。こんなものにうつつを抜かしていると、いまに多くの悲劇が生まれるだろう」

この時は、第3次株ブームが始まった頃で、呉教授の警告は、「老いぼれ教授が、また懲りずに『賭博場論』を吹き始めた」くらいにしか捉えられていなかった。この時の呉教授の心情を斟酌《しんしゃく》すれば、こういうことだろう。

「中国の株式市場は、共産党幹部が庶民からカネを巻き上げるために存在しているようなものだ。だから共産党幹部のようにインサイダー情報が入ってこない一般庶民は、手を出さない方がいい。いまに巻き上げられて泣きを見るぞ」

中国株式市場で「絶対に勝てる人」「負ける人」

私の北京の知人で、「股神《グーシェン》」（株の神様）と崇《あが》められている50代の女性がいる。その「股神」は2015年正月、私に次のように述べた。

「中国株の世界は、『一贏二平七輸《イーインアルピンチーシュー》』（10人中、勝つのは1人、2人がトントンで、7人が負ける）という構造になっている。そして1割の勝ち組の多くは、『権貴《チュエングイ》』（共産党幹部）か、その仲間たちだ。

私自身は、インサイダー情報はまったく持っておらず、公開された情報だけをもとに、デイトレーダーをやっている。ただし、私が日々分析しているのは、欧米や日本のような純粋な投資理論に基づいた企業情報ではなく、公開された情報の中に透けて見えてくる『権貴』たちの動向なのだ」

また、2015年7月に北京を訪れた際には、ある興味深い事実を摑んだ。私の中国人の知人の中で株式投資をしていた人々は、ほとんどが大損していた。「股神」氏にも再会したが、「最初の『津波』が来た後、慌てて売り払い、何とかトントンを維持した」と苦笑していた。

そんな中、唯一の例外が、官僚たちだった。彼らは例外なく、6月15日の「第6次習近平暴落」の前に、きっちり売り抜いていたのだ。呉敬璉教授が説く「賭博場論」は、やはり正しかったのである。

ちなみに8月24日の大暴落の後、米ブルームバーグが報じたところによれば、「中国の不動産王」こと大連万達グループの王健林《おうけんりん》総裁（世界富豪ランキング17位）が36億ドル、アリババグループの馬雲《ばうん》総裁（同21位）が5億4560万ドルの損失を出したという。「国進民退」（国盛えて民滅ぶ）と言われる中国においては、中国民営企業の富豪トップ2をもってしても、「権貴」には及ばないのである。

とうとう銀行預金も株式救済に回される

ところで、2015年夏の株暴落騒動のさなかに、知人である、北京在住の金融業界関係者が私に、興味深い指摘をした。

「7月9日、『銀監会』がついにルビコン河を渡ってしまった。これで今後は株式市場の混乱に、銀行も巻き込まれていくことになる。銀行という中国経済の支柱が、不安定な株式市場の人質になってしまったのだ。これは非常に危険なことだ」

「銀監会」とは、中国のすべての銀行（中国の銀行はほとんどが国有企業）を管理監督する中国銀行業監督管理委員会である。中国では銀行、証券、保険の3分野に、こうした管理委員会が設置されている。銀行業監督管理委員会の主席は、次期中国人民銀行（中央銀行）総裁の椅子を窺う尚福林《しょうふくりん》だ。

この銀監会は、株価が3週間で34％も暴落した7月9日、「中国銀監会は資本市場の安定した発展を支持する」と題した指導通知を発表した。その内容は、次の4点である。

①銀行が、すでに返済期限が来た個人の株式担保融資に対し、期間を延ばしたり、差し押さえる率を低くしたりしても構わない。
②銀行が、理財商品や信託投資を行っている個人と協調して、（株価上昇時まで投資期間を延ばすなど）証券投資のリスクを調整することを支持する。
③銀行が、証券会社と提携し、融資を提供することを奨励する。
④銀行が、上場企業の自社株買いの融資を提供することを支援する。

これは銀行が株の損失の面倒を見るようにと「指導」したも同然だ。

この指導を見た時、私の脳裏に、尚福林主席の作り笑いが甦《よみがえ》った。

私は2012年11月に、北京で1週間にわたって第18回中国共産党大会を取材したが、その中である日の午後、金融関連の記者会見が開かれた。中央には「ミスター人民元」こと周小川《しゅうしょうせん》・中国人民銀行総裁が威風堂々と座り、その周囲を4大国有商業銀行頭取が囲み、尚福林主席は向かって左端に腰掛けた。

約1時間半にわたった会見で、尚福林主席は4～5回発言を求められた。するとそのたびに、「周総裁のご指導のおかげで」「周総裁の適切なご判断によって」などと、周小川総裁を徹底的に持ち上げたのだった。

会見終了後、隣席に座っていた某中国有力メディアの記者に聞くと、「彼は次の中央銀行総裁になりたくて仕方ないんだ」と解説してくれた。

そのような尚福林主席率いる銀監会が、おそらく周小川総裁の意向を受けて、「銀行による株式市場救済」というルビコン河を渡ってしまったのである。

不動産バブルの崩壊を株で補おうとして大失敗

２０１５年6月15日に始まった株式暴落の遠因を探っていくと、２００８年11月に遡る。この時、ワシントンで開かれた初のG20（主要国・地域サミット）に参加した胡錦濤主席は、４兆元（当時のレートで約58兆円）に上る緊急財政支出をブチ上げた。これによって当時、青息吐息だった先進国に代わって、中国が一躍、世界経済の牽引役に躍り出たのだった。

だが、それから5年経って習近平政権が始動すると、中国は「４兆元の副作用」に、身動きが取れなくなってきた。鉄鋼業界や電力業界などの過剰な設備投資と生産過剰、ＧＤＰ至上主義の乱開発による地方自治体の債務過剰と怪しげなシャドーバンキングの肥大、そして深刻化する環境汚染といったものだ。その結果、中国各地に「鬼城《グイチエン》」と呼ばれるゴーストタウンが出現し、北京や上海などの都市住民は深刻な大気汚染をもたらす粒子状物質「ＰＭ２・５」の被害に苦しむようになった。

こうして２０１４年に不動産バブルが崩壊すると、習近平政権は、株式バブルを演出して乗り切ろうとした。具体的には、前述のように信用取引を奨励して、１・７億人の「股民」を煽ったのだ。

その結果、株価は急上昇したが、結局それは砂上の楼閣に過ぎず、２０１５年６月に底が抜けてしまった。残ったのは、実体経済プラス株式市場の死屍累々とした債務ばかりというわけだ。

最大の問題は「地方政府の莫大な借金」４８０兆円

『上海証券報』（２０１５年８月21日付）の報道によれば、２０１４年末時点での中国の各種債務の合計は、１５０兆３００億元（約３０００兆円）に上り、これは中国の同年のＧＤＰの２３５％に上っている。２００８年の時点では１７０％だったため、債務は着実に増えていることになる。

中でも最も深刻な問題は、そのうち24兆元（約４８０兆円）を占める地方政府の債務だろう。

２０１５年8月27日、楼継偉《ろうけいい》財政部長（財務相）が、国会にあたる全国人民代表大会の常務委員会で証言した。楼部長は、「返済が迫っている高金利の地方債の返還のため、これまでの２兆元（約40兆円）の融資に加え、新たに１兆２０００億元（約24兆円）を追加し、計３兆２０００億元を地方債の形で融資する」と宣言した。

この発言を受けて、全人代常務委員会は8月29日、地方政府が返済責任を負う債務を、16兆元（約３２０兆円）に抑える特別措置を決めたのだった。

だが、こうした措置は債務の引き延ばし策に過ぎず、利子がかさんで、さらに多くの債務を背負っていくことになった。「国家が潰れることはない」とは言うものの、社会主義の中国の場合、資本主義国と較べて、はるかに「巨大な政府」なので、習近平政権は急速に身動きが取れなくなってきているのである。

総額36兆円の不良債権を抱える銀行も崖《がけ》っ縁《ぷち》

さらに8月31日には衝撃的な統計が発表された。8月上旬の時点で中国の銀行の不良債権総額が、1兆8000億元（約36兆円）に達しているというのだ。

そのうち5大国有商業銀行の不良債権は、中国工商銀行が1643億元（約3兆3000億円）、中国農業銀行が1595億元（約3兆2000億円）、中国銀行が1250億元（約2兆5000億円）、中国建設銀行が1443億元（約2兆9000億円）、交通銀行が501億元（約1兆円）である。そのため、例えば「世界最大規模の銀行」を自負している中国工商銀行の上半期の利益率は、前年同期の7・05％から0・7％へと、急降下してしまった。

前出の金融関係者は、ため息交じりに語った。

「こんな惨状は、中国の銀行がいまの形態を取るようになって30年間で、初めてのことだ。1997年のアジア通貨危機の時も、2008年のリーマンショックの時も、これほど崖っ縁には立たされなかった。3兆2000億元もの地方債の発行は、中国にとって最後の賭けだ。2015年の年末までに、1兆8600億元分の返済が来るので、まさに自転車操業だ。

もはや中国の銀行業界は、地方政府とともに、いつ破綻するか知れない状況に陥っている。積み立てている損失引当金をあてることはできるが、最近は証券業界の負担まで増え、本当に厓っ縁を歩いているようなものだ」

この金融関係者によれば、中国の銀行破綻の発火点になりそうな「指標」があるという。

「それは上海総合指数が、再び3000ポイントを割った時だ。そこが分水嶺となるだろう。今後もし3000ポイントを割る局面が1ヵ月も続けば、不良債務を抱え込みすぎたいくつかの中小の銀行が、破綻する可能性がある」

海外の専門家の見方も悲観的だ。ジョージ・ソロス、ウォーレン・バフェット両氏と並んで「アメリカの3大投資家」と言われるジム・ロジャーズ氏は、8月26日に南京を訪問。そこで中国の経済誌『価値線』のインタビューを受け、中国株の近未来について、次のように警告を発したのだった。

「中国株は、これからも落ち続けるよ。そうすると、中国人民銀行が支えに入るだろう。それによって市場は一度、上昇に転じる。だがその後、再び急降下していく。しかも落ち幅は、それまでよりもさらに激しいものになるだろう」

「中国銘柄」の優良企業が「リスク銘柄」に

中国の一連の株価暴落は、日本にとっても「対岸の火事」では済まされなかった。日経平均株価は8月25日、733円安の1万7806円で終え、ついに1万8000円台を割ってしまった。

この時は、それまでの2年半、苦労して日本の株価を吊り上げてきたアベノミクスは、一体何だったのだろうと思えてきた。日本の2倍以上のGDPを誇る隣国の経済大国が傾けば、アベノミクスなど吹っ飛んでしまうということを、われわれ日本人が思い知らされた瞬間だった。

特に、中国と深く関わっている「日経中国関連株50」と呼ばれる、以下の企業は深刻だった。

アサヒグループホールディングス、味の素、東レ、旭化成、住友化学、信越化学工業、三井化学、三菱ケミカルホールディングス、花王、資生堂、日東電工、ＪＸホールディングス、ブリヂストン、新日鐵住金、神戸製鋼所、ＪＦＥホールディングス、住友金属鉱山、住友電気工業、小松製作所、日立建機、クボタ、ダイキン工業、日本精工、三菱重工業、日立製作所、東芝、三菱電機、パナソニック、シャープ、ソニー、ＴＤＫ、デンソー、ファナック、京セラ、村田製作所、キヤノン、日産自動車、トヨタ自動車、本田技研工業、ニコン、伊藤忠商事、丸紅、三井物産、住友商事、三菱商事、ユニ・チャーム、セブン＆アイ・ホールディングス（セブン-イレブン）、イオン、ファーストリテイリング（ユニクロ）、商船三井。

第3次中国株ブームにあやかるかのように、２０１５年６月中旬に１８００ポイントに達していた「日経中国関連株50指数」は、８月25日には１４３０ポイントまで下落した。それまで優良銘柄の代名詞と思われていた「中国銘柄」が、一転して「リスク銘柄」と化したのである。

２０１５年６月後半以降、東京証券取引所では、「恐怖の10時半」という言葉が生まれたという。上海市場が開く日本時間の午前10時半から、中国株の影響を受けて日本株も暴落する恐れがあるからだ。

中国から次々と撤退する日本企業

そのような中国リスクを回避しようと、日本企業はいま、中国市場からの「撤退ブーム」である。

日本から中国への直接投資は、２０１５年上半期に16・3％減の20・1億ドルとなった。ちなみにアメリカから中国への投資も10・9億ドルと、37・6％も減らしている。

８月末には、パナソニックが北京のリチウムイオン電池工場（従業員１３００人）を閉鎖した。改革開放政策に乗り出した中国が、１９７９年に外資系企業と契約した記念すべき第1号工場の撤退は、中国国内で衝撃をもって伝えられた。パナソニックは、上海市や山東省などの工場も撤退している。他にも、シャープ、ダイキン、ＴＤＫ、ユニクロ……と、２０１５年に入って次々と、中国工場の撤退もしくは一部撤退を始めた。

北京にある中国唯一の日系企業の親睦団体である中国日本商会は、毎年春に、『中国経済と日本企業白書』を刊行している。その2015年版には、次のような記載がある。

〈2014年における日本の対中投資は前年比38・8％減の43億ドルとなり、2年連続減少した。2012年には過去最高74億ドルを記録したが、2013年後半から減少基調が続いている。

今後1～2年の事業展開の方向性について、「拡大」と回答した企業の割合は46・5％（前年比7・7ポイント減少）となっている。2011年と比べると、拡大が大きく減少（66・8％→46・5％）した〉

中国日本商会の幹部が語る。

「2015年4月時点の北京での会員数は713社で、2年前に比べて17社の減少にすぎないので、撤退より縮小の傾向にあるというのが実情と思います。象徴的だったのが、6月16日に長富宮飯店（旧ホテルニューオータニ北京）の大宴会場で開いた黒竜江省主催の日本ビジネス交流会でした。親日派の陸昊《りくこう》省長以下、省幹部たちが必死に日系企業に誘致をアピールしましたが、会場はガラガラで、まさに笛吹けど踊らずという状況でした」

このように日本企業は、経済が急下降する中国から身を引き始めている。国慶節前日の9月30日には、3人の日本人が「反スパイ法」違反容疑で3ヵ月以上も中国当局に拘束されていることが判明し、現地の日本人社会に大きな衝撃が走った。

だが、撤退や縮小したからといって、日本の2倍以上の規模の経済大国となった中国と無関係ではいられない。

今後も、「巨竜」がくしゃみをすれば、日本もカゼを引くという状況は続いていく。そして、株で損失した中国人が、日本での「爆買い」をやめて、「並買い」に変わる日も近いだろう。

第2章

中国経済はもはやレッドゾーン

ウソだらけの統計数値と経済オンチの国家主席

オリンピックよりも景気回復を望む北京市民

２０１５年７月31日午後６時（北京時間）、マレーシアのクアラルンプールで開かれていたＩＯＣ（国際オリンピック委員会）総会で、２０２２年冬のオリンピックの開催地が決定した。

私はこの時、７月中旬に続いて２度目の北京取材に来ていた。ちょうどその時間は「北京の銀座通り」こと、王府井《ワンフージン》の歩行者天国を歩いていた。

歩行者天国の南側の角、長安《ちょうあん》街と交わる近くの東側に「北京２大書店」の一つ、王府井書店が設置した巨大な電光掲示板がある。午後６時前になると、広告用の電光掲示板が、中国中央テレビのニュース画面に切り替わり、クアラルンプールの会場から生中継となった。バッハ会長が、開催地が英語で書かれた紙を封筒から取り出して、力強い声で告げた。

「Ｂｅｉｊｉｎｇ（北京）！」

その瞬間、クアラルンプールの中国代表団が、歓喜を爆発させる映像が流れた。中国中央テレビのアナウンサーも「われわれはついに勝ち取った！」と、興奮気味に伝えた。

だが、王府井のホコ天は、いたって静かなものだった。

掲示板の前に集まっていた人々はポケットからスマホを取り出し、パチパチと電光掲示板を撮って、その場から「微信《ウェイシン》」（WeChat）で友人たちに送るだけである。それは彼らが普段レストランで、人気の「麻辣火鍋《マーラーホオグオ》」（四川風激辛鍋）を食べた時に写真を撮って送るのと、何ら変わらない行為だった。その間、わずか30秒ほど。それが終わると若者たちは三々五々、散って行った。

「自分の故郷に再度、オリンピックを誘致する」という習近平主席肝煎りの「国家事業」を成功させたにしては、何とも寂しい光景だった。隣に立っていた20代の女性に聞くと、次のように答えた。

「冬季オリンピックをやったからって、経済がよくなるわけではないでしょう。嬉しいのは、オリンピック期間中、大気汚染がなくなることと、臨時の祝日ができることとくらいだわ」

それだけ言うと彼女は、「いまからユニクロのタイムセールがあるから」と言って、走り去ってしまった。

続いて30代の男性に聞くと、ややくぐもった声で回答した。

「冬に雪が降らない北京で、どうやって冬季オリンピックをやるの？　きっとヨウ化水銀をたっぷり空に撒いたり、人工雪を作ったりするんだろうけど、ますます北京の街が汚染されるだけではないか。それに誘致にかかった費用や開催にかかる費用は、われわれの税金で賄うわけでしょう。政府にそんな余裕があるなら、経済をよくして減税するとか、株価を上げる対策にでも使ってもらいたい」

こうした王府井の光景を見ていて、習近平政権と北京っ子との「乖離」を、ひしひしと感じた。習近平政権やその意を受けた官製メディアの盛り上がりとは裏腹に、北京っ子はいたって醒《さ》めているのだ。

大衆デパート「新世界」に人がいない！

2008年秋のリーマンショック後の世界経済は、中国経済が牽引する形で復興を果たした。加えて中国は、2010年に日本を追い抜いて世界第2位の経済大国となった。こうしたことから、アメリカと中国の2大国が世界を牽引する「G2時代」の到来を予感させたものだ。

だが、「中国の栄光」は長くは続かなかった。中国の経済成長率が10％を超えたのは2010年が最後で、以後は2011年が9・3％、2012年と2013年が7・7％、2014年が7・3％と、下降の一途を辿った。2015年4月のIMF予測によれば、2015年の予想成長率は6・7％である。

そのため、2度目の北京オリンピックを決めても、地元の北京っ子たちの様子は、前回とはだいぶ異なっていたのだ。すでに中国経済は停滞期に入り、国民は「いつ経済危機が襲ってくるか」と、戦々恐々としているのである。

私は、2015年夏に北京市内を歩いていて、驚き入ったことがあった。デパートやショッピングモールに、ほとんど客がいないのである。日本では、昨今の中国人と言えば、デパートやドラッグストアなどで買い漁る「爆買い」のイメージが強いが、国内ではまったく正反対だ。

一例を挙げれば、「新世界」という大型デパートが、朝陽《ちょうよう》区の建国路の目抜き通り沿いにある。朝陽区は北京市内でも富裕層が一番集まる地域だが、「新世界」は庶民的なデパートとして知られる。私が北京駐在員だった2012年までは、週末はもちろんのこと、平日の昼間から買い物客たちでごった返していたものだ。

ところが2015年夏に行ってみると、一週間で一番の書き入れ時のはずの日曜日夕刻にもかかわらず、見渡すかぎり私しか客がいなかったのである。1階だけかと思い、2階、3階……と上がってみたが、やはり客は皆無だった。

店員たちは、「歓迎光臨《ホアンイングアンリン》！（いらっしゃいませ）」と声をかける気力も、とうに失せているようだった。あくびしたり店員同士でおしゃべりしていたり、中には店の電源に自分のスマホをつなげて、ゲームに興じている店員もいた。

7階のレストラン街に行って、ようやく客を見つけた。だがレストラン街に10軒ほどある店でも、大入り満員なのは、日本のしゃぶしゃぶ店だけだった。折からの日本旅行ブームに伴って、2015年の北京では日本食ブームが起こっているからだ。「日本食はヘルシーで太らない」と評判なのだ。

まさに鬼城《グイチエン》（ゴーストタウン）ならぬ鬼商城《グイシャンチエン》（ゴーストデパート）。この光景はどこかで見たことがあると思ったら、北朝鮮・平壌《ピョンヤン》のデパートだった。

ちなみに、「新世界」デパートの斜向《はすむ》かいで工事中の39階建ての高層マンション「長安8号」は、私が北京で暮らしていた2010年に、北京初の1㎡10万元（約200万円）を超える超高級物件として、話題を集めたものだ。その時、すでに骨格ができていたから、着工からすでに7～8年は経つはずだ。だが不動産バブル崩壊の影響を受けて、いまだに完成していない。

店員ゼロは究極の経費削減策か？

ゴーストデパートは、「新世界」だけではなかった。翌日夕刻に訪れた朝陽区のCBD（中央商業地区）にある高級デパート「財富ショッピングセンター」も、だだっ広い1階と2階の高級ブランドショップは閑古鳥が鳴いていた。3階のレストラン街まで上がっていって、ようやく客たちと遭遇した。しかもまたもや、千客万来なのは日本料理の店だけだった。

北の郊外にある北土城《ベイトゥチェン》の駅前デパートにも足を伸ばしてみたが、そこにも客は、人っ子一人いなかった。興味深かったのは、そのデパートには、店員さえいないショップが半数近くあったことだ。

おそらく店員を雇わないというのは、究極の経費削減策なのだろう。まさに恐いくらいの静けさである。その時、一緒に歩いていた友人の中国人経済学者に正直な感想を告げたら、彼はため息交じりに、こう答えた。

「そんなに驚くような光景かね？　私はもうこうした光景には慣れっこさ」

実際、「2015年上半期主要小売企業閉店統計」によれば、中国全土で121店舗ものデパートや大型スーパーが、半年の間に閉鎖されている。

「爆買い」は消費全体の0・5%

それでも中には、習近平政権を妄信している庶民もいて、「中国の消費は堅調だ」と反論してくる。彼らの反論は、おもに次の3点に集約される。

第一は、いまの消費の主流である若者たちは、あらゆるモノをインターネット通販で買うために、そもそも街のショップには足を運ばないというものだ。

確かに北京のマンションに、「京東《ジントン》」を始めとする宅配便業者がひっきりなしに入っていくところを見ると、都市部におけるインターネット通販の盛況ぶりは理解できる。

だが、2015年上半期の中国の経済統計を見ると、インターネット通販の商品売り上げ総額は1兆3759億元（約27兆5000億円）と、全体の9・7％にすぎない。1割にも満たない中で、あのゴーストデパートを説明するには、いくら何でも無理がある。

第二の反論は、現在中国人は、さまざまな税金がかかって値段が高い上に、ニセモノが横行している国内では買い物を控える。その代わりに、日本やヨーロッパなど、海外で「爆買い」しているというものだ。日本で中国人の「爆買い」を目のあたりにしているため、さもありなんと思ってしまう。

だが、日本の観光庁の発表によれば、2015年4月から6月までに中国人が消費したのは、3581億円である。これは同時期の中国人の消費額の約0・5％にすぎない。仮に中国人が、日本でやっているのと同規模の「爆買い」を世界の10ヵ所でやっていたとしても、消費額の5％だ。海外で「爆買い」するから国内で消費しないとは、とても言えないことが分かる。

中国の「ワイロ収入」は総額57兆円

第三の反論は、習近平政権の厳しい「贅沢禁止令」によって、中国特有の「ワイロ経済」が激減した。その結果、消費が落ちたかに見えるだけであって、実際には、中国人はしっかり貯蓄したり、他の方法で消費している——というものだ。

この反論について考察するには、中国の「ワイロ経済」なるものが、胡錦濤政権時代まで、一体どのくらいの規模で蔓延していたのかを見る必要がある。これは非常に見極めが難しいが、一つだけヒントとなる統計が存在する。

私が北京に住んでいた2010年8月、中国初の民間経済シンクタンクである中国経済改革研究基金会国民経済研究所が、「灰色収入調査結果」なるものを発表した。「灰色収入」とは、「ワイロ収入」のことだ。

これは2008年を基準に、大規模な調査を行ったものだが、何とGDPの

3割にあたる4兆元（当時のレートで約57兆円）もの「灰色収入」が、中国社会に存在していたという。しかも、個人の収入全体に占める「灰色収入」の割合は、高所得者層が62％、中所得者層が5％、低所得者層はゼロだったという。この意味するところは、高所得者層は正当な収入よりも賄賂収入の方が多く、それ以外の人々は、賄賂社会とは無縁だということだ。

この衝撃的な発表に中国人は騒然となった。当時の温家宝《おんかほう》首相も「わが国は全国民が腐敗にまみれている」と嘆いたことから、「全民腐敗《チュエンミンフーバイ》」という言葉が流行語になったほどだ。だが、その温家宝首相も「一族で27億ドルも不正蓄財している」と2012年10月に『ニューヨーク・タイムズ』にスッパ抜かれて大恥をかいた。

ともあれ、現実がこの調査の通りだとしても、やはり3割程度なのである。習近平時代になってワイロが激減したことで、むしろ高止まっていた高級品がリーズナブルな価格に戻ったという事実もあるわけで、やはり無理がある。

結論として、中国経済は、かなり沈滞していると見るべきなのである。停滞どころか、俗な言い方をすれば「ヤバい状態」だ。中国当局が厳しい報道統制を敷いているため表には出ないが、将来を悲観した市民による無差別殺人や自殺の類いも後を絶たない。

こうした「ヤバい状態」は、首都・北京だけに限ったことではなかった。私は2015年7月に、新疆《しんきょう》ウイグル自治区を4日間訪れたが、自治区の中心都市ウルムチもまた、空前の不景気に苦しんでいた。

町の中心部には巨大スーパーのカルフールがあったが、夕刻の書き入れ時というのに、客は私を入れて一ケタだった。夏のピーク時というのに観光客は激減し、地場産業も育っていなかった。

習近平政権は、中国とヨーロッパを結ぶユーラシア大陸の総合的なインフラ開発計画「シルクロード経済ベルト」をブチ上げており、ウルムチをその拠点にしようとしている。だが習近平主席が抱く「中国の夢」と、厳しい「現実の悪夢」との差は、いかんともしがたいものがある。

首相さえも経済統計を信用しない国

北京の話に戻ろう。私は前出の中国人経済学者と、北土城の駅前デパートに隣接した、小洒落たピザ屋に入った。だがランチタイムだというのに、広い店内にはわれわれ以外、人っ子一人いない。おまけに注文を取りに来た店長と思《おぼ》しき人物からは、「来週で店を畳むことにしました」と告げられる始末だった。

そんな中、私は持参した資料を見せながら、経済学者に質問を投げかけた。

「これは7月15日に中国国家統計局が発表した資料ですが、2015年上半期の中国のGDPは29兆6868億元（約590兆円）で、前年同期比7・0％アップ。同じく上半期の社会消費品の売上総額は14兆1577億元（約280兆円）で、名目の増加率は10・4％アップ、価格要素を控除した実質の増加率は10・5％アップとなっています。しかし、北京やウルムチの街で目にするかぎり、GDPも商品の売り上げも、この公式統計ほど伸びているとは、とても思えません。この現実と統計との甚だしい乖離は、一体どういうことなのでしょうか？」

するとと経済学者は、含み笑いを浮かべながら答えた。

「『中国の経済統計なんか信用できない』――これは、李克強首相の言葉だ。

それ以来、中国では、政府が発表するＧＤＰ統計ではなく、『克強指数』が真のＧＤＰと囁かれるようになった」

「克強指数」については、説明が必要だろう。

２００７年９月に、大連で「第1回　夏のダボス会議」が開催された。「ダボス会議」（世界経済フォーラム年次総会）は、毎年1月下旬にスイスの寒村ダボスで開催される、いわば「経済界のサミット」だ。だが21世紀に入って話題の中心が中国経済の動向になったことから、２００７年より毎年９月に、大連と天津で交互に「夏のダボス会議」を開催することになった。

この1回目の「夏のダボス会議」には、私も参加したのでよく覚えている。当時、大連市が属する遼寧省の党委書記（省のトップ）だった李克強は、温家宝首相と並んで、会議のホスト役を務めていた。

その時、李克強書記は、シティバンクのウィリアム・ローデス頭取を代表とするアメリカの経済界代表団と会食したが、オフレコで次のように述べた。

「中国の経済統計なんか信用できない。私が信用しているのは、たった３つの統計だけだ。それは、電力消費量、鉄道貨物輸送量、銀行融資額だ。これら３

つの統計を見るだけで、中国の経済成長の真の速度を測ることができる。他のすべての中国の経済統計、特にGDPは、ただの『参考用数値』に過ぎない」

この衝撃的な話を、当時のクラーク・ラント駐中国アメリカ大使が、ワシントンの国務省に報告した。その内容が2010年になって、ウィキリークスによって暴露されてしまったというわけだ。それ以降、李克強首相が「信用している」と述べた3つの統計は、「克強指数」と呼ばれるようになったのだ。

ちなみに、この「克強指数」は、中国でも広まった。だがいつのまにか、中国当局は事実をすり替えてしまった。「李克強首相が『注目している統計だ』と、権威あるイギリスの経済誌『エコノミスト』が2010年に発表したため、克強指数（Keqiang Index）と名づけられた」（百度百科）ということにしてしまったのである。中国は経済統計も信用できないが、当局の見解も信用できないのである。

細かい統計を見れば「GDP7%」は大ウソ

では、2015年上半期の「克強指数」を見てみよう。

まずは電力消費量だが、これは1・3%しか伸びていない。発電量の伸びも、わずか0・6%に過ぎない。

続いて鉄道貨物輸送量。国家発展改革委員会の発表によれば、上半期の鉄道貨物輸送量は17億tに達したが、前年同期比で見れば、マイナス10・1%と、実に二ケタ減少である。

最後に銀行融資額。中国人民銀行の発表では、6月末時点での金融機関の貸出残高は88兆7900億元（約1775兆円）で、こちらは13・4%も伸びている。だがこの数値は、玉石混交の「金融機関の合計貸出残高」であって、「銀行の貸出残高」ではない。

最近は、中国の御用経済学者たちが、「克強指数無用論」を唱え始めている。「電力消費量が減ったのは節電技術が進歩したからだ」「鉄道貨物輸送量が減ったのは高速道路網が整備されたからだ」などなど。たしかに一理ある話だが、それにしても減り方が尋常でない。

この他にも、国民の消費に直結していて、かつ海外との整合性があるため比較的正確と思われるのが輸入額だが、こちらは2015年上半期に15・5％も減少している。また、住宅用マンションやオフィスビルの新たな工事を開始した面積も、15・8％の減少だ。

こうして細かい統計を見ていくと、「2015年上半期のGDPの伸びは7％」という中国国家統計局の発表には、大いに疑問が湧いてくる。私がそう指摘すると、前出の経済学者は含み笑いを浮かべながら、次のように明かした。

「私が聞いたところでは、実際のGDPの伸びは、4％台の水準だったようだ。ただ上半期は株価の高騰を受けて、証券市場が非常に好況だった。それで証券市場の統計を最大限駆使して、7％まで持っていったようだ。

今年3月の『人大』（全国人民代表大会＝日本の国会に相当）で李克強首相が、2015年の経済成長目標を7％とブチ上げた。それで国家統計局はマジメだから、ピッタリ7％まで持っていったのだろう。今年4月まで7年近くにわたって国家統計局長を務めていた馬建堂《ばけんどう》は、長年の〝功績〟が認められて、昨年秋の『4中全会』（中国共産党第18期中央委員会第4回全体会議）で、共産党の中央委員に抜擢されたのだ」

国家統計局長と「数字のマジック」

馬建堂局長と聞いて、私は、銀縁メガネのぽっちゃりした童顔を思い出した。馬局長は、私が北京で駐在員をしていた時代（2009年～2012年）に、たびたび話題になった人物だった。

たとえば、2010年3月の全国人民代表大会。当時、国民が政府に望む第一の要求は「マンション価格高騰の緩和策」だった。北京を代表する地元紙『新京報』は、「平均的な北京市民が50㎡のマンションを買うのに、60年分以上の年収総額を要する」として、警鐘を鳴らした。実際、私が住んでいた朝陽区のマンションは、どこも一年間で5割程度も価格が上昇していた。

ところが馬建堂局長は、全国人民代表大会の記者会見で、「北京市内の不動産価格は、前年比で1・3％しか上がっていない」と嘯《うそぶ》いたのだ。これには会見に出ていた記者たちも呆れ果て、馬局長には「ミスター1・3％」というニックネームがついた。しかも後に、「たった5社の不動産会社に、最も価格が上がっていない物件を教えてもらって統計を出した」という〝特殊な統計方法〟がリークされたのだった。

国家統計局の内部リークと言えば、翌2011年夏には、一大スキャンダルが発覚した。国家統計局の幹部2人が、何と合計224回にもわたって、3ヵ月ごとに発表するGDPなどの統計数値を、発表前に証券業界や海外マスコミに売り渡していた事実が発覚したのである。2人は逮捕され、禁固5年の実刑判決を受けた。

このスキャンダルに蒼くなった馬建堂局長は、「9月20日を国家統計開放日にする」として、市民の国家統計局への見学を許可した。すると当日、市民が殺到し、国家統計局に怒りの声を上げる結果となったのだった。

ＧＤＰに疑念を突きつけた有力経済誌の勇気

再び話を北京のピザ屋に戻す。前出の経済学者は、カバンから1冊の雑誌を取り出した。それは、中国で最も権威ある経済誌『財経』（8月3日号）だった。そこには、「7％もの経済成長はでっち上げか」と題した記事が出ていた。

要約すると、次のような内容だった。

〈中国のＧＤＰの数値が、再度議論を呼んでいる。上半期の中国の多くの経済統計に、鮮明に翳《かげ》りが出てきているのに、ＧＤＰ統計との乖離が見られるからだ。ある分析によれば、実際のＧＤＰは、おそらく7％より低いという。

いわゆる「6大指標」を見ると、中国経済は楽観視できないことが分かる。

第一に、上半期の全国の発電量は0・6％しか伸びていない。第二に鉄道貨物輸送量も、1月から5月で9・8％の減少。第三に、上半期の財政収入は6・6％の増加だが、昨年に比べて伸びが4・1％も下落している。第四に、不動産の新規工事開始面積は10％以上減少しており、特に住宅の分野では、17・3

%も減少している。第五に、上半期の国有企業の利潤が0・1%のマイナスとなった。第六に、上半期の社会融資規模は16・6%の減少である。

こうした事実を勘案すれば、中国の実体経済の成長は、GDP統計よりは低いと考えるのが自然だ。政府が発表する統計を、実体経済を反映させたものにしていく意義は大きいと言えよう〉

全体としては、中国政府に気を遣って、非常に婉曲的な言い回しを多用している。だが、初めて中国の主要経済誌までもが、国家統計局が発表する統計に疑念を突きつけたのである。

その文章を書いた勇気ある筆者は、みずほ証券アジア子会社の瀋建光《しんけんこう》社長だった。アメリカで経済学博士号を取り、上海復旦大学経済学院の客員教授も務める瀋社長は、「もう我慢ならない」という気分だったのだろう。

ちなみに中国当局は直ちに反撃に出た。公安部は、この記事が出た直後に、当てつけのように『財経』のエース記者、王《おう》暁《しょう》璐《ろ》を逮捕したのである。証券業界を動揺させる記事を書いたという罪だった。

8月19日には、国泰君安証券の任沢平《にんたくへい》首席マクロ経済アナリストが、5億人以上が読む新浪《シンラン》の「微博《ウェイボー》」（中国版ツイッター）で、物議を醸す文章を掲載した。「2015年上半期の真実のGDP成長率は、実質で5％、名目で3％に過ぎなかった」と断言したのである。かつて中国政府のシンクタンクである国務院発展研究センターでマクロ経済研究室副主任を務めた任博士だけに、政府のGDP統計のカラクリを知り尽くしているものと思われる。

GDPについてさらに言及すれば、私は2014年夏に、ある中国共産党関係者から、次のような興味深い話を聞いたことがあった。

「今年（2014年）3月の『人大』（全国人民代表大会）の前に、習近平主席と李克強首相の間で論争が巻き起こった。人大の初日に行われる『政府活動報告』で、今年の経済成長目標を発表する李克強首相は、『7％』を提案した。これに対し習近平主席は、『7％では低すぎて、〝中国の夢〟というわが政権のキャッチフレーズにふさわしくない』として、『7・5％』を主張。結局、李首相が折れざるを得なくなって『7・5％前後』とした」

このスッタモンダから1年経った2015年3月の全国人民代表大会では、李首相は、経済成長目標を「7％前後」と、前年より0・5％下げた。本当はその前年に「7%」と主張していたのだから、2015年は「6・5%」としたかったたに違いない。

全国人民代表大会では最終日に、年に一度の首相記者会見が行われるのが通例だ。2015年の会見で記者が、「今年は本当に7%も成長が可能なのですか?」と、誰もが思っている疑問を問うた。

すると李克強首相は、顔を強《こわ》ばらせて答えた。

「私は『7%前後』と言ったはずだ!」

この質問には相当機嫌を悪くしたようで、まもなく「もう昼飯の時間だから」と言い残して、引き揚げてしまった。

その時私は、習近平主席と李克強首相との「緊張関係」の一端を垣間見た気がした。つまり、李克強首相としては、自分が経済問題を差配できないことに、そして水増しされた経済統計を発表させられることに、かなりイラ立ちを覚えているのである。

「社会主義市場経済」という矛盾

この「李克強のイラ立ち」を、もう少し掘り下げて分析してみよう。

1949年に「初代皇帝」の毛沢東が建国宣言したいまの共産党政権は、1989年に学生たちが政治の民主化を求めて蜂起した天安門事件によって、転覆させられる一歩手前までいった。そこで「2代皇帝」の鄧小平は、天安門事件を契機として、国民に民主の代わりに「金儲けに走る自由」を与えた。

鄧小平は、毛沢東の死後2年経った1978年末から、改革開放政策を進めていた。初期の改革開放政策は、深圳などの「経済特区」と農村部を中心にしたものだった。それを1992年に「改革開放を加速せよ！」と指令を出して（南巡講話）、全面的な経済分野での改革開放を始めた。

具体的には、1992年の第14回共産党大会で、「社会主義市場経済」という方針を定めた。そして翌1993年には憲法を改正し、第15条で「国家は社会主義市場経済を実行する」と明記した。

これは、政治は社会主義を堅持するが、経済は市場経済に変えていくという、世界のどの国も経験したことがない試みだった。本来ならば、政治が社会主義なら経済は計画経済であり、経済が市場経済なら政治は資本主義のはずである。それを鄧小平は、互いの「いいとこ取り」を目指したのだ。「社会主義市場経済」は、冷戦の終結によって社会主義の友好国が次々と崩壊していく中で、中国が取った苦肉の生き残り策だった。

1990年代前半は、中国はアジアの貧国だったので、このような矛盾に満ちた制度でも支障はなかった。それどころかむしろ、この方針によって多くの国民が一斉に金儲けに走るようになり、中国は驚異的な経済成長を遂げた。

習近平と李克強の「いびつ」な関係

こうした鄧小平時代以降の中国は現在に至るまで、突き詰めると、「維穏《ウェイウエン》」（社会の安定維持）と「開放《カイファン》」（改革開放）という2つのことしかやっていない。この両者は互いに反対方向にベクトルを向けて、引っ張り合っている。そして、この両者が綱引きをする緊張した綱の上に、14億の民が乗っかっているのが、現代中国の姿である。

江沢民時代(1989年~2002年)と胡錦濤時代(2003年~2012年)は、この「綱引き」を、非常にバランスよく行うことによって、長期にわたる高度経済成長を実現させた。すなわち、互いに信頼し合うナンバー1の共産党総書記(国家主席)と、ナンバー2の国務院総理(首相)が役割分担を果たすことで、バランスを保ってきたのだ。

具体的に言えば、江沢民時代には、江沢民主席が、維穏=政治分野=社会主義を担当し、朱鎔基《しゅようき》首相が、開放=経済分野=市場経済を担当した。同様に胡錦濤時代には、胡錦濤主席が前者を担当し、温家宝首相が後者を担当した。

ところが、2013年3月に発足した習近平主席と李克強首相の新政権は、それまで5年以上にわたって最大のライバル関係にあった両者が、互いに妥協を強いられた結果として誕生した「いびつな政権」だった。そのためナンバー1とナンバー2の間に信頼関係はなく、むしろ互いに疑心暗鬼になっていた。

そのため習近平主席は「維穏」(政治)ばかりでなく、「開放」(経済)の役割も李克強首相から取り上げて、自分が独占するという愚を犯した。その結果、それまで緊張していた綱は緩み、中国経済は混乱に陥ってしまったのである。

国家主席は稀代の経済オンチ

さらに中国にとって、二つの不幸が重なってしまった。

一つは、習近平という政治家が、稀代の経済オンチだということだ。歴代の指導者の中では、大躍進と文化大革命によって中国経済を2度にわたって崩壊させてしまった毛沢東に比肩できるほどの経済オンチなのである。

習近平は、15歳から22歳までの最も多感な時期を、文化大革命の影響で、陜《せん》西《せい》省の貧村で労働者として過ごした。そしてその間は、『毛沢東語録』と共産党中央機関紙『人民日報』しか読んでいない。その後、北京へ戻り、かつて副首相をしていた父親・習仲勲《しゅうちゅうくん》のコネで名門の清華大学に入学したが、入ったのは化学工業学部有機合成学科だった。

その後、習近平は、福建省の省長だった2001年12月に、母校の清華大学に『中国農村市場化の研究』というタイトルの169ページからなる博士論文を提出し、法学博士号を授与されている。だがこの時、習近平と博士課程で同期だったという人物は、私に次のように証言した。

「習近平は3年間で、入学式と博士号授与式のたった2回しか大学に顔を見せなかった。それで私が教授に聞いたところ、教授は笑って言った。『彼には経済専門家の部下たちが大勢ついているからね』」

こんな調子なので、経済を深く理解しているとは、とても思えないのである。実際、福建省に17年間、浙江省に5年間、上海市に1年弱、幹部として勤務したが、目立った経済実績を一つも残していない。

一方の李克強首相は、安徽《あんき》省の農民出身で、艱難辛苦《かんなんしんく》の末に自力で北京大学法学部に入学を果たし、卒業後も北京大学に残って経済学修士号、経済学博士号を取った秀才だ。そのため李首相は、「自分は習近平よりも経済運営をうまくやれる」という強烈な自負心を持っている。それなのに「上司」の習近平主席に権限を剥奪され、手も足も出せない。イラ立ちが募るのも無理はないのである。

全国有企業の負債総額は中国GDPの2倍以上

　習近平時代のもう一つの不幸は、社会主義と市場経済の矛盾からくる軋轢《あつれき》が、もはや抜き差しならないところまで来てしまったことである。

　前述のように、そもそも社会主義と市場経済は、相矛盾する概念だ。それでも「呉越同舟」できたのは、21世紀初頭までの中国経済が、比較的小規模な存在だったからに他ならない。

　ところが中国は、２０１０年に日本を追い越し、アメリカに次ぐ世界第2位の経済大国に成長した。いまやＧＤＰは日本の2倍を超えている。ここまで中国経済が巨大化した結果、社会主義制度との間に、無数の軋轢が生まれてきているのである。

　この社会主義と市場経済の軋轢をどう解決するかという問題は、習近平政権に課せられた最大の難題と言っても過言ではない。

中でも特に、社会主義と市場経済の軋轢によって激しい火花を炸裂させているのが、「国有企業」である。

中国では、基幹産業のすべてを、１１００社あまりの国有企業が独占しており、この１１００社で中国の富の６割強を握っている。ところが地方自治体や、やはり国有企業である銀行が、国有企業に乱脈融資を続けた結果、習近平時代が始動した２０１３年の時点で、国有企業を中心とした国家の負債額が、GDPの２倍以上に膨れ上がってしまった。国有企業の改革は、「待ったなし」の状況だったのだ。

この難題に対する習近平政権の「解答」とも言えるのが、２０１３年11月に開催した「３中全会」（中国共産党第18期中央委員会第３回全体会議）で採択された「公報」（コミュニケ）だった。この重要会議で、習近平政権の向こう５年間の方針を５０００字余りにまとめたものだ。

「３中全会」が開かれる２ヵ月前の２０１３年９月に、私は李克強首相の経済ブレーンと言われる李稲葵《りとうき》・清華大学中国・世界経済研究センター主任に話を聞いた。その中で、国有企業改革について質問したところ、李教授は次のように述べた。

「李克強首相が進める『リコノミクス』（アベノミクスに対抗する意味で命名された）の『本丸』は、国有企業改革だ。われわれは今後、国有企業改革を、『三歩走』（3つのステップ）で進めていく。

第一段階は、国有企業の市場化だ。市場に合わない、いわゆる親方日の丸的な制度は、すべて削ぎ落としていく。第二段階は、市場の多元化だ。中国の市場は、国有企業、民営企業、それに外資系企業を、すべて平等に扱うようにして競争の原理を働かせる。そして第三段階が、国有企業の民営化だ。民間にできることは、どんどん民間に権限を委譲し、市場の活性化を図っていく」

この時、李教授は、「新政権は、習近平主席が政治を担当し、李克強首相は経済を担当するという『分業体制』ができているので、国有企業改革は順調に進むはずだ」と、自信を持っていた。

「国有企業改革」本当の狙い

だが、それからわずか2ヵ月後の「3中全会」で採択された「公報」は、李克強派の「熱い理想」とは、ほど遠い内容だった。そこには国有企業に関して、次のように記されていた。

〈揺るぐことのない公有制経済の発展を強固なものとし、公有制の主体的地位を堅持し、国有経済の主導的な作用を発揮し、国有経済の活力、コントロール能力、影響力を不断に増強させる。公有制を主体とした多種所有制の経済は、中国の特色ある社会主義制度の支柱である〉

国有企業の民営化どころか、逆に国有企業の強化と受け取れる宣言をしたのである。この「公報」が出た翌12月に私が北京で会った、李克強派のある経済人は、憤りを隠さなかった。

「習近平主席は、われわれとはまったく別の角度から、国有企業改革を捉えていたんだ。つまり、これまで長く江沢民一派が牛耳っていた国有企業利権を引っ剝がして、自己の利権に組み替えようということだ。『3中全会』で権力固めをした習近平主席は、12月頭に早速、江沢民派で石油利権を握っていた周永康（前常務委員）を密かに引っ捕らえた。

習主席は、国有企業の民営化など、ハナからヤル気がない。なぜなら国有企業を民営化したら、自らの利権から離れていってしまうからだ。そもそも習近平主席は、李克強首相を、『公報』の起草委員会から除外していたのだ」

習近平主席は、2012年11月に中国共産党のトップに立って以来、決して表には出さないが、一貫した「政治目標」を持っている。それは最大最強の長老である江沢民元主席（89歳）及びその一派を壊滅させるというものだ。なぜなら、石油、鉄道、電力、資源……といった多くの利権を、江沢民一派が手放さなかったからである。そして、こうした利権の温床こそが、基幹産業を寡占する国有企業に他ならなかった。

そこで2012年末から、まずは「江沢民の金庫番」と言われた周永康・前中央政治局常務委員（共産党序列9位）に狙いを定め、失脚を図った。結局、2013年12月に周永康の身柄を拘束し、2015年6月11日に、無期懲役を科したのだった（その詳細については第4章でもう一度触れる）。

「権力が増大する経済政策」こそが習近平にとって正しい経済政策

周永康前常務委員を葬り去って2ヵ月余りを経た2015年8月24日、習近平主席は満を持して、国有企業改革に関する指針を定めた。この日、極秘裏に、「中国共産党中央委員会と国務院の国有企業改革を深化させるための指導意見」（以下、「指導意見」）と題した長文の通達を、共産党及び政府として決定したのである。

「指導意見」は30項目に及ぶが、まずはこれから行う国有企業改革の目的について記している。「中国の偉大なる社会主義の御旗を高く掲げ、党の国有企業への指導を強化させ、強大で優秀な国有企業を作り、中華民族の偉大なる復興という中国の夢の実現に、積極的に貢献することを目的とする」。そして、「揺るがない公有制経済、社会主義市場経済、監督管理強化、党の指導などを基本原則とする」としている。

具体的手続きとしては、「国有企業を分類し、優秀で強大な国有企業に集中させ、淘汰していく」という。さらに、「2020年までに改革を終える」として、今後5年間で一気呵成に進めていく決意を述べている。最後の第30項目では、再び「党の指導強化」を強調している。

この「指導意見」はその後、正式に「2015年22号通知」となり、9月14日に、国務院国有資産監督管理委員会の張喜武《ちょうきぶ》副主任が記者会見を行って発表した。張副主任はその席で、「習近平総書記の指導を受けて決定した」と繰り返し述べたのだった。

私はこの「指導意見」を読んで、唖然としてしまった。前述のように、李克強首相をはじめとする改革派が目指したのは、国有企業の市場化→多元化→民営化という3ステップだった。日本も1980年代に、国鉄や電電公社などを民営化したが、国有企業の民営化は、持続した経済発展に欠かせない道だ。

実際、2015年7月には、李稲葵教授が所長を務める清華大学中国・世界経済研究センターが「2015年上半期中国マクロ経済分析&予測」を発表。中国経済の現状を手厳しくこき下ろした上で、「国有企業改革に一刻も早く着手すべきだ」と提言していた。

だが、習近平主席が決めた「指導意見」の指針は、国有企業の民営化どころか、焼け太りによる市場の寡占を目指すものだった。加えて、共産党（＝習近平総書記）の指導強化を謳った。これは、すべての国有企業利権を、習近平総書記の手中に集約させると公言したに等しかった。

この「指導意見」に、すぐさま市場が反応した。９月14日月曜日の市場は失望感に覆われ、上海総合指数は前週末に較べて２・６７％も安い３１１４ポイントまで急落したのだった。前章でこれまで６回の「習近平暴落」が起こったと述べたが、この時が「第７次習近平暴落」となった。

だが、こうした市場の反応を無視するかのように、国営新華社通信は９月19日、「私有化反対を旗幟鮮明《きしせんめい》にしなければならない」と題した論評を発表した。

〈習近平総書記はこれまで何度も、国有企業の強大化と優良化を強調してきた。国有企業は国有経済の核心であり、支柱である。国有企業がなければ、国有経済はなく、これまでの経済成長の重大な成果もなく、中国の特色ある社会主義制度もなく、国民の共同の富もない。

そのため、国有企業改革とは、国有企業をなくすことではなく、その主体的な地位をさらに高めることなのだ。われわれはそのことを自覚し、国有企業の各種私有化への反対を、旗幟鮮明にしなければならない〉

まさに「20世紀の悪夢」である文化大革命の再来が迫っているように思えてならない。

国有企業に関して言えば、習近平主席が2015年9月に国賓として訪米した際に、オバマ政権との間でバトルが起こった。それは、米中投資協定（BIT）を巡るものだった。

習近平政権は、「世界の工場」「世界の市場」に続く、「世界への進出」に、中国経済の持続的発展の望みを託している。そしてこの「世界への進出」の「本丸」が、世界最大の市場であるアメリカであり、「アメリカへの進出」を加速させるためには、米中投資協定の締結が不可欠だ。

だが、米中投資協定の交渉は、2008年以降、9月で21回目となったにもかかわらず、この時も進捗がなかった。なぜ締結に至らないのかと言えば、それはこれまで見てきたように、中国が社会主義市場経済という、「共産党が経済を指導する」特殊なシステムを貫いているからだ。

中国企業のアメリカ市場への投資は急増中で、習近平が共産党総書記に就任した2012年から2015年上半期までの投資額は、164億9800万ドルに上る。この額は、同時期のアメリカから中国への投資額98億ドルを大きく上回っている。しかも、中国企業は2014年だけで120億ドルも投資し、92社ものアメリカ企業を買収しているのだ。

それでもアメリカは、最先端技術を持ったアメリカ企業を中国企業が買収することを禁じている。それは、中国企業のバックに中国共産党がいるため、純粋な企業体ではないとみなしているからだ。

その一方で中国国内においては、中国政府が外資系企業に様々な規制を設けていて、市場での優遇状況が「外資系企業＜中国の民営企業＜中国の国有企業」となるシステムにしている。もし投資協定を結べば、「外資系企業＝中国の民営企業＝中国の国有企業」となることが求められるが、中国はネガティブリストの制度などを活用して、これを防ごうとしている。

なぜなら、前述のように共産党の利権の巣窟となっている国有企業が弱体化すれば、共産党もまた弱体化するからだ。海外からの企業投資の根幹である外資系銀行からして、中国の国有銀行と対等なレベルで中国市場に参入できていない。

そのため、中国が社会主義市場経済に固執する限り、アメリカとの投資協定は締結できないし、中国企業の「世界への進出」も順風満帆には進まないのである。9月の習近平主席のしらけ切った訪米は、そのことを再認識させたのだった。

習近平の経済ブレーンはこの男

そもそも、経済オンチの習近平主席は、経済問題を政治問題（＝権力闘争）の延長線上で捉えている。すなわち、自己の権力と利権が増大する経済政策こそが、習近平主席にとっての「正しい経済政策」なのである。

こうした習主席の意向を踏まえて献策している経済ブレーンが、劉鶴《りゅうかく》・党中央財経指導小グループ弁公室主任兼国家発展改革委員会副主任である。劉主任はいわば、習近平時代の経済分野における最大のキーパーソンだ。習主席より1年年上の1952年北京生まれで、習主席とは「北京101中学」の同級生だった。中国人民大学で学位と修士号を取り、米ハーバード大学に留学。帰国後は国家計画委員会（現在の国家発展改革委員会）に勤務した。

その後、目立った活躍はしておらず、江沢民時代と胡錦濤時代においては、陽の当たらない傍流を歩んでいた。それが2013年3月、習近平政権の発足に伴い、党中央財経指導小グループ弁公室主任兼国家発展改革委員会副主任に大抜擢されたのだった。

シルクロード経済ベルト、21世紀海上シルクロード、AIIB（アジアインフラ投資銀行）、シルクロード基金、それに国有企業改革と、習主席の意向を次々に具体的政策に変えていく「司令塔」が劉主任だということは、いまや「中南海の常識」となっている。

2015年9月に、習近平主席が国賓として訪米したが、その直前に根回しのため、オバマ大統領最側近のスーザン・ライス大統領安保担当補佐官が訪中した。ライス補佐官は、もちろん習近平主席と面会したが、その他に劉鶴主任への面会を強く希望し、長時間会談した。アメリカは、誰が中国の経済政策を握っているのかを熟知しているのである。

ちなみに劉鶴主任は、日中関係が冷え込んでいた小泉純一郎政権時代に、「日本に学べ」と日本詣でをしていた数少ない経済学者の一人だった。だが当時の霞が関は、中国の経済界で傍流だった劉鶴氏を、冷たくあしらっていたという。何とももったいない話である。

ブレーンが編み出した経済減速の「言い訳」

そんな劉鶴主任は２０１５年９月６日、７日に、かつて習近平主席が５年間、省のトップを務めていた浙江省を視察した。この時、劉主任は習主席並みの注目を浴びたが、「中国経済は『新常態』に入ったのであり、その前途は十分明るい」と強調したのだった。

「新常態」（ニューノーマル）――中国経済は悪化しているのではなくて、「新たな正常な状態」へと移行しつつあるのだという理論も、劉主任の献策である。習近平主席は2014年5月に河南省を視察した際、初めて「新常態」というキーワードを用いた。そこで反応がよかったことから、同年8月に開かれた中国共産党の非公式重要会議「北戴河《ほくたいが》会議」で、幹部たちを前に「新常態」を説いた。私はこの時の習近平演説の草稿全文を入手したが、そこには次のように記されている。


〈新常態の状況下においては、経済は高速成長から中高速成長へと変化していくが、発展の質は一段とアップする。資本や土地などの供給は下降するが環境は強化される。効率のよいサービス業が活発化し、産業構造が変わっていく。

また物価上昇に伴い、貯蓄率が下降し、輸出と投資の伸びが緩慢になるが、消費が飛躍的に伸びていく。都市化の進展によって産業が転移し、都市と農村の結びつきが活発化していく。収入の不平等問題も不断に改善されていく。

これが、『新常態』の特徴なのだ。今後われわれは、積極的に経済の『新常態』に適応していかねばならない〉

実際に、2014年に習近平政権がやったことと言えば、いよいよ不動産バブルが崩壊してきたため、その代わりに株式バブルを演出したことだった。2

０１４年夏以降、「信用取引」（レバレッジ）と呼ばれる、自己資金の数倍もの投資ができるハイリスク＆ハイリターンの方法を後押ししたのである。その結果は、第1章で詳述したとおりだ。

中国の官僚たちは戦々恐々の日々

中国経済は全般的に悪化しているが、中でももっとも打撃を受けているのは製造業である。

一般に発展途上国は、安価な製品を大量生産し、それを先進国に輸出することで発展していく。いわゆる「労働集約型」「輸出主導型」と呼ばれる経済発展モデルである。かつて「世界の工場」と言われた中国は、その典型だった。

ところが、国民一人当たりの年間平均ＧＤＰが５０００ドルを超えると、工場労働者の賃金アップや原材料費の高騰などによって、競争力の高い安価な製品は作れなくなる。つまり、こうした経済発展モデルを見直さねばならない。

中国は、２０１１年に一人当たりの年間平均ＧＤＰが５４２８ドルとなり、初めて5000ドルの壁を越えた。その後、2012年は6193ドル、2013年が6958ドル、2014年が7589ドル、2015年は4月のIMF（国際通貨基金）の推計によれば、8154ドルである。このペースで行けば、2018年には、1万ドルの大台を突破することになる。

日本の場合、1970年代以降、工業製品に最先端技術という付加価値をつけ、生産拠点の一部を海外に移転することで、「5000ドルの壁」を突破し、アジアで初めて先進国の仲間入りを果たした。一方、隣の韓国は、「5000ドルの壁」への対処に失敗し、「IMFショック」と呼ばれる1997年の経済危機を招いた。

中国の場合、第1章で見てきたように、外資系企業の工場撤退が深刻な問題となっている。中国最大の120万人も雇用してiPhoneなどを生産している台湾の鴻海《ホンハイ》でさえ、インドに工場を移すという噂が立っているほどだ。

だが習近平主席は、まったく違う発想で、製造業の問題を考えているという。前出の李克強派の人物が証言する。

「習近平主席は、マルクスや毛沢東的な階級闘争史観で経済発展を図ろうとしているのだ。贅沢禁止令を発して、幹部や富裕層を貶《おとし》める。その一方で、人口の過半数にあたる7億人以上いる下層の庶民の賃金を、大幅に引き上げる。それは、まるで文化大革命の再来のような手法だ」

確かに2013年以降、北京や上海などの都市部では、贅沢禁止令の影響で、高級ファッションブランド店や高級レストランなどの倒産が相次いだ。また、それまで特権的恩恵を受けていた中央官庁の官僚たちは、「三公」と呼ばれる接待費、出張費、公用車費を大幅削減され、すっかり萎縮してしまった。

前出の経済学者は、嘆いて言ったものだ。

「胡錦濤時代までは、国家公務員というのは最も若者に人気が高い職業で、ポストによっては求人の7000倍もの応募があった。それがいまや逆に、アメリカ留学組の優秀な官僚から、『下海《シアハイ》』（民間への転職や起業）するようになった。残った官僚たちは、いつ何を咎《とが》められて捕まるか知れないので、完全に守りに入り、与えられた最低限の仕事だけを淡々とこなす日々だ。これでは経済を発展させる新機軸など、打ち出せるはずがない」

2015年5月8日、国務院は李克強首相が中心となって「中国製造業20

25」という戦略を全国に通知した。これは今後10年間で、製造業の創造力を高める、情報化と工業化を融合させる、基礎研究能力をアップさせる、製品の質を高め独自ブランドを作る、ロボット産業など10の重点項目を定めるといった戦略が詳細に記されている。

だがいかんせん、李克強首相は首根っこを、完全に保守派の習近平主席に握られていて、身動きが取れない。これでは画期的な「中国製造業2025」も、絵に画いた餅である。

最低賃金大幅アップで人気を買う

いまや中国全土に、習近平主席が説く「社会主義の核心的価値観」の標語が掲げられるようになった。それは、「富強、民主、文明、和諧、自由、平等、公正、法治、愛国、敬業、誠信、友善」の計24文字である。習近平主席は、「中華民族の偉大なる復興」という自らの政権のキャッチフレーズの推進役を果たすのが「社会主義の核心的価値観」であるとして、全国民にこの24文字を叩きこもうとしている。

北京や上海などの都市部を歩くと、町の至る所で、この標語が目に飛び込んでくる。私は2015年7月に、新疆ウイグル自治区とカザフスタンとの国境付近の村でも、この標語が大きく張り出されているのを見た。

2014年末には、湖北《こほく》省の省都・武漢《ぶかん》市で、共産党員たちが商店街などで、市民に対して片っ端から「社会主義の核心的価値観」を唱えさせるという運動を起こした。この24文字を暗記していない商店があると、店員たちを近くの党支部まで連行し、店員全員が暗記できるまで店を閉めさせたのである。

習近平政権はその一方で、下層の庶民たちの歓心を買うため、最低賃金を大幅に引き上げた。最低賃金は各都市によって異なるが、私がかつて駐在していた北京市の場合、習近平が国家主席に就任した2013年に、1260元（約2万5000円）から1400元（約2万8000円）に引き上げた。その後は、2014年が1560元（約3万1000円）、2015年が1720元（約3万4000円）である。

労働者の給与が最低賃金に近い中小の製造業やサービス業などでは、3年で人件費が4割近くアップした。北京のセブン-イレブンの店員にアルバイト代を聞いてみたところ、2014年春に時給13・5元（約270円）だったのが、2015年春には18・9元（約380円）に4割跳ね上がっていた。

スタバや吉野家はすでに日本より高い

給与の大幅上昇は、当然ながら物価の大幅上昇をもたらす。このところの中国の物価上昇は、異常とも言えるほどだ。

日本人はにわかに信じられないかもしれないが、中国の物価はある意味、すでに日本を凌駕している。例えば、スターバックスのカフェモカのグランデサイズは、2015年夏現在、日本では470円で、中国では33元（約660円）である。吉野家の牛丼のアタマの大盛は、日本が480円で中国が26・5元（約530円）だ。セブン-イレブンで買う2リットル入りのミネラルウォーターは、日本では108円だが、中国では12・5元（約250円）もする。

製造業においては、急激な賃金上昇に加え、物価高による原材料費のアップが覆いかぶさってくる。それればかりか、国税と地方税の重い負担、銀行の貸し渋り、一人っ子世代の若年労働者の製造業離れ、それに最大の輸出先であるEUの危機……と、何重にも重い負担がのしかかる。

そのため、外資系企業ばかりか、中国企業の東南アジアや南アジアへの工場移転ラッシュも始まっている。かつて「世界の工場」と言われた中国でも、いまや産業の空洞化が進んでいるのだ。

中国サービス業を引っ張る「2頭の馬」

もはや青息吐息の製造業――そこで習近平主席が主張するところの「新常態」への移行、すなわち製造業（第2次産業）を中心とした経済発展から、サービス業（第3次産業）を中心とした経済発展への転換がはかられている。

実際、中国では2013年に初めて、第3次産業のGDPが第2次産業のGDPを上回った。2015年上半期は、第2次産業のGDPが12兆9648億元なのに対し、第3次産業のGDPは14兆6965億元である。おそらく20

15年通年では、第3次産業の割合が、初めて第1次産業（農林水産業）も含めた全体の過半数を超すものと思われる。

昨今の中国におけるサービス業の発展は目覚ましいものがあり、特に「2頭の馬が牽引している」と言われる。「2頭の馬」とは、阿里巴巴（アリババ）の創業者、馬雲《ばうん》（ジャック・マー）総裁と、騰訊（テンセント）の創業者、馬《ば》化騰《かとう》（ポニー・マー）総裁を指す。アリババは、中国最大のインターネット通販会社で、電子マネーのアリペイを抱えている。一方のテンセントは、中国国内で5億人以上が利用する「中国版LINE」こと「微信《ウェイシン》」（WeChat）の親会社だ。テンセントも「微信」による電子決済システムを伸張させている。

これら中国のIT産業は、従来型の産業と異なり、二つの利点を持っている。一つは、IT産業は20世紀末に起こった新興産業なので、中国企業が日米欧の先進国企業と、ほぼ互角に競争していけるということだ。この点は、改革開放政策を始めて40年近くが経っても、先進国の最先端技術との差が埋まらない製造業とは、大きく異なっている。

もう一つの利点は、中国国内で唯一、民営企業が国有企業よりも勝っている業界だということだ。そのため中国のＩＴ業界は、世界の資本主義国の市場のように、活気に溢れているのである。「北京のシリコンバレー」こと中関村へ行くと、スタバなどでＩＴを専攻する学生や若者と、投資家たちとが即席の商談をしている姿が目につく。

私は２０１０年秋に、アリババの馬雲総裁にお目にかかる機会があり、「今後アリババが発展していく条件は何ですか？」と質問してみた。すると馬雲総裁は、間髪容《い》れずにこう答えた。

「それは政府に邪魔されないことだ。私は政府に、助けてくれとは言わない。政府は、ただ黙っていてくれさえすればいいのだ」

時代遅れの「電子マネー」規制

だが習近平政権が、全産業の過半数を占めるに至ったサービス産業、特にその牽引役となっているＩＴ産業に対して、利権を取りに来ないはずがない。

２０１５年夏、ついにＩＴ産業と政府との「戦争」が勃発した。7月31日に中国人民銀行（中央銀行）が、ネットショッピング規制を打ち出したのである。それは、「非銀行支払い機構のインターネット支払い業務の管理弁法」という規定で、全57条からなっている。中国人民銀行は、「利用者である国民の支払いリスクを防止し、権益を保護するため、規定を2015年内に発布する」と宣言した。

だが、この規定を読み進めていくと、第28条で、ハタと目が止まる。〈支払い機関は、購買者を認証によって2通りに分ける。認証を得た購買者は1日あたりの支払い額の合計が5000元を超えてはならない。認証を得ていない購買者は1日あたりの支払い額の合計が1000元を超えてはならない〉

つまりは、電子マネーを使った1日約10万円を超す買い物を禁止しようということなのである。電子マネーの発達によって、国有企業である銀行を使わない決済が急拡大しているので、それを取り締まってしまおうというわけだ。

これには、中国で3億人を超すネット通販の利用者たちが、呆れ果ててしまった。国有企業である銀行の権益拡大のために、10万円以上の商品がネットで買えなくなるのだから、怒るのも当然だろう。

普段は習近平政権に従順なマスコミも、さすがに異を唱え始めた。「行き過ぎた監督管理はネット産業の発展を阻害する」（8月3日付『新京報』社説）といった論陣を張ったのである。まさに正論だろう。

だが前出の経済学者によれば、習近平政権にとっては馬耳東風だという。

「いまの中国には、3つの層の国民がいる。約3000万人の富裕層、5億人から6億人の中間所得者層、そして7億人から8億人の下層の庶民だ。そのうちネットでショッピングしているのは、富裕層と中間層だけであって、下層の庶民はパソコンすら持っていないのだ。

習近平主席が重視しているのは、あくまでも下層の庶民たちから支持を得ることだ。なぜなら、暴動を起こす可能性があるのは、この層だからだ。下層の庶民は株に手を出すことも、海外旅行を楽しむこともできない。だから習近平政権は株式市場を暴落させても平気なのだ。そのうち国内消費を活性化させるために、海外旅行の『爆買い』を規制するようになるだろう」

中国経済は、まさに「習近平不況」とも言える時代に突入したのである。

第3章

人民元切り下げ騒動のゴタゴタ

ＩＭＦ乗っ取り・ＡＩＩＢ設立に垣間見える中国の野望

3日で通貨を4・5%も切り下げた!

2015年8月11日、世界中の金融関係者を驚愕させる事態が、北京発で起こった。

前日の8月10日朝、中国人民銀行(中央銀行)が設定した中国人民元と米ドルとの為替レートの「中間値」(適正レート)は、1ドル=6・1162元だった。それを中国人民銀行は翌11日の朝、1ドル=6・2298元と、1・85%も自国の通貨を切り下げたのである。

その翌日の12日朝には、1ドル=6・3306元と1・61%、さらに翌13日朝にも、1ドル6・4010元と切り下げた。こうしてわずか3日間で、米ドルに対して人民元を強引に、4・57%も引き下げてしまったのである。

このような「荒業《あらわざ》」は、為替レートが市場の相場に応じて自由に変動する民主主義国家では考えられない。中国に、いったい何が起こったのか?

そもそも中国の為替制度は、「管理変動相場制」という独特のシステムを採用している。これは第2章で述べた、政治は社会主義で経済は市場経済という「社会主義市場経済」によく似ている。つまりは、社会主義的な固定相場制と、資本主義的な変動相場制の両方の「いいとこ取り」を目論んだ、いかにも中国的なシステムなのだ。

中国は2005年7月に、米ドルペッグ制による事実上の固定相場制から、管理変動相場制へと移行した。これはまさに、為替システムを、社会主義計画経済から社会主義市場経済へと移行したようなものだった。具体的には、中国人民銀行が毎朝、人民元と各主要通貨との「中間値」なる為替レートを発表し、その中間値の上下幅に制限をかける。そしてその日一日はその範囲内において、相場に合った自由な変動を認めるというものだ。

ここで言う主要通貨とは、米ドル、ユーロ、日本円、香港ドル、英ポンド、オーストラリアドル、ニュージーランドドル、シンガポールドル、カナダドル、マレーシアリンギット、ロシアルーブルの11通貨。ご苦労なことに中国人民銀行は毎朝、この11通貨に対するそれぞれの「中間値」を発表している。

管理変動相場制を始めた2005年7月当初は、一日の変動幅を上下0・3

%に定めていた。それを２００７年５月に上下０・５%に変え、２０１２年４月に１%に再び変え、２０１４年３月に２%に三たび変えた。李克強首相や周小川人民銀行総裁は、「上下幅を徐々に上げているのは、自由な変動相場制に少しずつ近づける措置」と説明している。

ところが、最後に変動幅を変えてから１年半もたたないうちに、その基準となる「中間値」そのものを、４・５７%も引き下げてしまったのである。

中国人民銀行のおかしな言い訳

世界第２位の経済大国とは思えないこの非常識かつ無責任な措置に、世界中の金融界関係者が呆れ返った。通貨の安い東南アジア諸国などは、たちまち大混乱に陥った。そして誰もが、中国の真意を探って疑心暗鬼となった。

中国の株価が暴落したから？　アメリカの利上げに備えた事前の対抗措置？　急減速している輸出を伸ばしたい？　それとも、もしや習近平は戦争でもおっ始める気ではないのか？

こうした事態に、「大変動３日目」の８月13日午前10時半、中国人民銀行は異例の記者会見を行った。登壇したのは、同行の易綱《いこう》副総裁兼国家為替管理局長、張暁慧《ちょうしょうけい》総裁代理で、司会進行役は邵伏軍《しょうふくぐん》弁公庁主任だった。まず張総裁代理が全体説明を行い、続いて記者の質問に、易副総裁が答える形を取った。

１９５８年北京生まれの易副総裁は、米イリノイ大学で博士号を取得し、北京大学中国経済研究センター教授を経て、中国人民銀行に移った。学者肌のタイプで、「ミスター人民元」として13年の長きにわたって君臨する周小川総裁が、近々引退すると囁かれる中、次期人民銀行総裁候補の一人でもある。

１００人を超す中国内外の記者たちから易副総裁への質問は多岐にわたり、会見は１時間40分に及んだ。以下はその概要である。

張暁慧総裁代理　皆さんが中国の「金融事業」に関心を持ってくれて、感謝申し上げる。８月11日に人民元と米ドルとの為替レートの中間値を変える声明を発表して以来、各メディア、市場関係者、経済学者らから多くの肯定的な意見をいただき、人民元の市場化への改革の重要な一歩だと認識してくれた。

2014年以来、人民元の米ドルに対する名目の為替レートと実際の為替レートは、それぞれ10・28%、9・54%と上昇している。そのため、人民元の為替レートを安定化させるために、人民元を一定程度切り下げるべきだという声が高まっていた。

中国は今年1月から7月までの貿易統計で、3052億ドルもの貿易黒字を出した。また今年上半期、比較的複雑な状況と幾多の困難にもかかわらず、7%の経済成長率を保持した。外貨準備には余裕があり、財政状況も良好だ。そのため今回、為替レートを適正化し、より安定に向かう通貨政策を取ったのだ。

香港『商報』記者　今回の通貨切り下げによる香港への影響は甚大だ。多くの香港人は当日のうちに、価値が大きく下がった人民元を香港ドルや米ドルに換えに走った。中国人民銀行はこんなことをやって、市場が人民元を信用しなくなると思わないのか？　中国政府が目指している人民元の国際化がさらに遠のくと思わないのか？　今回の大幅な切り下げ措置によって、国際金融市場が大混乱に陥ると見る専門家もいる。通貨戦争の引き金を引いたのではと懸念する専門家もいる。

易綱副総裁　今回の措置は、人民元を、より市場に適応させたものであり、市場の安定化につながる。香港への影響も人民元国際化への影響も、極めて限定的なものに過ぎない。

むしろ、人民元に対する市場の信用力は増したと言える。過去に固執した固定レートは、中国の国情には合わない。弾力性のある為替レートこそが、経済発展を安定化させる武器となる。その意味では、今回の措置は香港に対しても人民元国際化に対しても、むしろプラスの作用を及ぼしたと言える。

英国『フィナンシャル・タイムズ』記者　中国人民銀行は、為替レートをより市場に適応させたと言うが、それならば日々の「中間値」なるものを、一体どうやって決めているのか？　その過程が不透明でありながら、「より市場に適応した人民元を信じろ」と言われても困る。

易綱副総裁　中間値の決め方など簡単だ。中国内外の十数行の銀行が毎朝、適正と思われるレートをそれぞれ出してくる。その最高値と最低値を除外して、平均値を取るだけの話だ。8月10日を例に取れば、そうやって出てきた米ドルとの為替レートの中間値は6・11だったが、前日の終値は6・21だった。このズレを、より市場に合わせたのが今回の措置なのだ。

中国は、管理変動相場制を採用している。毎日上下幅2％以内なら、市場に合わせて自由に変動して構わない。この制度は市場にも合うし、また中国の国情にも合うと言える。

外国人記者たちは中国政府をまったく信用していない

香港『経済日報』記者　中国人民銀行はもしかして、今後10％程度、人民元を切り下げることで、落ち込んでいる輸出を伸ばそうとしているのではないか？

易綱副総裁　それは滑稽な話というものだ。今年1月から7月までの貿易統計を見ても、我が国は3000億ドルもの黒字を確保している。

そもそも1994年に為替レートの改革を行って以来、人民元の名目為替レートは、米ドルに対して71％も上昇している。実質為替レートでは98％の上昇だ。2005年7月21日にドルペッグ制を廃止してからも、名目で46％、実質で55・7%も切り上がっている。今回の措置は、単にそれを市場の適正値に切り下げただけであって、輸出への後押しとは関係のない話だ。

中国『第一財経日報』記者　今回の措置によって、大量の資金が中国から流出してしまうのではないか？

易綱副総裁　為替に弾力性を持たせることは、資本の流入や流出を、より安定化させるものだ。そもそも資本の流入と流出の問題は、大変複雑だ。たとえばわが国の外貨準備は過去1年で、3・99兆ドルから3・65兆ドルに減少した。それでも昨年の国民および企業の米ドル預金は、1080億ドル増加している。今年上半期はさらに700億ドルも増加しているのだ。

外貨は「一帯一路」（習近平主席が提唱した「シルクロード経済ベルト」と「21世紀海上シルクロード」）にも使われる。毎年1億人を超す国民が海外旅行に出て、大量の外貨を海外で消費もする。だから為替レートを少し変えたからといって、大規模な流出が始まると考えるのは短絡的だ。

米国『ウォール・ストリート・ジャーナル』記者　今年の年初に、李克強首相と周小川人民銀行総裁が、「年内に資本分野を基本的に開放したい」と述べた。だがこの数ヵ月というもの、株価と為替の問題で中国は大揺れだ。これで本当に、今年中に資本分野を開放できるのか？

易綱副総裁　まず5〜6年前に較べれば、中国の開放はずいぶん進んだと思わないか？　私が外国為替局長になって真っ先にサービス分野の貿易を開放した。資本の開放は、これからもスケジュールに則って一歩一歩実現していく。

私が強調したいのは、中国は市場を信用し、尊重し、畏敬の念を抱き、かつ順応してきたということだ。その一方で、さらに市場を安定化させるための中国政府の役割についても、考慮してもらわないといけない。市場の作用と中国政府の作用、この二つの作用をうまく適合させることこそが、中国の市場を発展させることなのだ。

外国人記者たちの質問や指摘は、どれもしごくもっともである。かつどの記者も、中国政府をまったく信用していないことは明白だった。

だが易綱副総裁は、「ああ言えばこう言う」で、学者出身らしく都合のいい統計を引っ張り出しては反論した。ある中国の記者は、「これで易綱副総裁は、次期人民銀行総裁に向けて大きなハードルを乗り切った」と漏らした。

ちなみに、中国人民銀行は9月1日になって、顧客が人民元売り外貨買いを行う場合、銀行は残高の2割を中国人民銀行に預けることを義務づけた。8月の人民元安誘導によって人民元の流出が止まらなくなり、人民元安誘導に逆行する措置を取らざるを得なくなったのである。

国民に夢を見せながら、再び管理を強めていく政府

それにしても、この時の中国人民銀行幹部と記者との侃々諤々《かんかんがくがく》の質疑は、中国が抱える様々な問題を露呈させた。

第一に、中国の自己評価と、他国が中国を見る評価との大幅な乖離である。国際社会が唖然としてしまうような措置も、中国国内ではベストを尽くした適切な措置だったとみなされてしまうのだ。これは何も為替レートの問題に限ったことではなくて、中国共産党政権が推進する諸政策についても言える。それどころか、個々の中国人についても当てはまるような気がしてならない。

第二に、社会主義市場経済の限界だ。これについては前章で詳述したが、改めて池と魚の比喩を使って説明したい。

池の中に魚がたくさん泳いでいる。魚は池の中を自由に泳いで構わないが、池の管理人が厳重に包囲し、管理している。池は秩序だっていたが、魚が成長していくにつれ、魚は池を跳び越えて、大海に出たがるようになった。だが池の管理はますます厳重になって、魚は苦しがっている……。

池が中国で、管理人が共産党政権。そして魚が中国人だ。いまの中国は、ちょうどそのような状態だといえる。さらに言えば、池から大海へ渡る「抜け道」を築いた者がいて、コネやカネがある魚は大海へ渡れる。もっともニセの「抜け道」に引っかかる魚も後を絶たないが。

そのようなわけで、いまや中国という池はすっかり混乱し、かつ沈滞してしまっている。この根本的な解決方法は、二通りしかない。第一の解決策は、池を大海と繋いで魚を解放し、管理をやめることだ。魚にとってはありがたいが、池の管理人の権威は失墜する。

第二の解決策は、池を昔の「旧《ふる》き良き姿」に戻すことだ。池の管理人にとっては安心して管理できるが、すでに丸々太った魚は、昔のように再び痩せ細るしかない。

いまの習近平体制が行おうとしているのは、まさに「第二の選択」なのである。より正確に言えば、魚たちに「第一の選択」を取るかのような「夢」を抱かせながら、実際には「第二の選択」に邁進している。だから1・7億人の「股民《グーミン》」（個人投資家）が大損こいて愚民と化しても平然としているし、為替レートを強引に変えても、開き直っているのである。

中国はなぜ、人民元を強引に切り下げたのか

それにしても、中国人民銀行の説明を聞いても、3日間で4・5％も人為的に為替を変えた真意は、依然としてベールに包まれたままだった。

そこで、中国国内の政財官にそれぞれ強力なルートを持っている、ある大物財界人に改めて訊ねると、彼は次のように種を明かしてくれた。

「中国人民銀行が見ているのは、ひとえにIMF（国際通貨基金）だ。『20

15年の年末までに、何としてもSDR（特別引き出し権）を獲得せよ』——これが習近平主席の絶対命令だ。SDRの獲得は、2008年以降、中国人民銀行を傘下に置く国務院の悲願でもあった。それによって、人民元の国際化が大きく前進するからだ。3日間にわたった人民元の切り下げは、そのIMFの要請に基づいて……というよりIMFの機嫌を取るための措置だったのだ。実際、IMFは非常に満足した」

この財界人は、自説を裏付ける根拠として、中国人民銀行の「8月の変」のちょうど1週間前にあたる8月4日に、IMFがホームページ上で発表した声明を挙げた。

SDR（Special Drawing Rights）というのは、IMFが融通する国際通貨のバスケット（枠組み）のことだ。

この認定を受ければ、人民元は晴れて国際通貨の仲間入りを果たす。人民元の国際化を目指す中国は、初めてG20（主要国・地域サミット）が開催された2008年秋以降、SDRの取得を国家目標に掲げてきたのだった。

2015年秋の時点において、SDRを取得している通貨は、米ドル、ユーロ、日本円、それに英ポンドの4通貨のみである。すなわちアジアを代表する国際通貨は日本円であって、中国人民元ではないのだ。実際、国際復興開発銀行の2013年の統計によれば、外国為替市場における取引高は、1位から順に米ドルが43・5％、ユーロが16・7％、日本円が11・5％、英ポンドが5・9％となっており、人民元は9位の1・1％にすぎない。

ＩＭＦにおいて重要事項の改変を行うのは、5年に一度というのが慣習になっていて、次の改変は2015年末である。そのため中国は、何としても2015年末に、ＳＤＲを取得する「5番目の通貨」になりたいというわけだ。

国際通貨という悲願のために

財界人が続ける。

「だが、今年6月後半からの株価暴落を受けて、中国当局は1000社以上の上場銘柄を、一時的にせよ取引停止にした。すると、『投資をシャットアウトするとは市場経済国家のやることではない』として、ＩＭＦの心証を大いに損ねてしまった。そのため、今回はＩＭＦが望む措置を取ることにしたのだ」

８月４日にＩＭＦが出した声明とは、「ＩＭＦは２０１５年のＳＤＲバスケットの改変に関する進展を図る」と題したものである。その中で、ＩＭＦ戦略政策審査局のシダート・ティワリ局長が、意味深長な発言をしていた。その全文はかなり長くて回りくどい言い回しだが、要約すると次のような内容だ。

「ＳＤＲの改変に関して、つい先日、非公式な幹部会を行った。その中で出た意見は、改変を決める時期を、今年年末から９ヵ月間、すなわち２０１６年９月30日まで先延ばしにしてはどうかというものだった。重要事項の改変の決定には85％以上の賛成が必要だが、決定時期の変更だけなら75％の賛成で済むし、過去には70％の賛成で行ったこともある。

目下、新たにＳＤＲに加わる資格がある世界の通貨は、中国の人民元のみだ。たしかに人民元は世界の貿易決済に広く使われ、世界で売買されている。だが人民元が、世界で自由に利用可能な通貨かどうかは、よく見極めていかねばならない。そして人民元をＳＤＲに加えるかという問題については、引き続き中国当局ともよく詰めていきたい」

原文は、もっと婉曲で奥歯に物が挟まったような言い方をしている。だが精読すると、確かに中国政府に対するメッセージになっているように読み取れる。メッセージとは、次のようなものだ。

「人民元をSDRに加えたい気持ちはやまやまだが、このままでは資格を満たしていない。２０１６年９月まで時間を猶予してあげるから、その間にもっと通貨制度を改革しなさい」

切り下げの真犯人はIMFだった？

ティワリ局長は、「非公式な幹部会を行った」とも述べている。とすれば、「IMF中国代表」の朱民《しゅみん》副専務理事も参席しているはずである。その幹部会の内容は、直ちに朱民副専務理事の「古巣」である中国人民銀行に報告されたことだろう。

おそらくその報告の中に、「為替レートの大幅改定を求める」という内容が含まれていたのではなかったか。そのため報告を受けて、中国人民銀行が直ちに反応したというわけだ。

前出の大物財界人は、「ＩＭＦは中国人民銀行の為替改定措置に満足した」とも語った。実際ＩＭＦは、中国人民銀行が３日連続の切り下げを行って、易綱副総裁らが記者会見を開いた翌14日に、再び声明を発表した。

そのタイトルは「中国の変革は緩慢だが、よりよい成長に向かう」。その中で、ＩＭＦの中国ミッションのチーフを務めるマルクス・ロッドロアー氏は、中国人民銀行が取った措置を、次のように評価した。

「中国が今回行ったチャレンジは、さらに開放された市場経済という次のステップにつながるものだった。中国はまた、今後２〜３年以内に、十分な変動相場制に移行できるし、そうすべきだと確信をもたせるものでもあった。

改革が遅すぎれば、さまざまな弱点が頭をもたげることになる。また逆に早すぎても、無秩序に調整しなければならないリスクを抱え込むことになる。この中国の変革をマネージしていくカギとなるのは、潜在的な成長を押し上げるだけの構造的な改革だ。

中国はいまや、購買力平価で見れば世界最大の経済大国だ。このことは、今後とも中国が成果の上がる改革と発展のための政策を続けていく証《あか》しとなるだろう。そして中国の変革が進めば進むほど、中国は早く恩恵を受けられることになるのだ」

このように、IMFとして中国の為替レートの改変を前向きに受けとめると同時に、近未来の中国に対してもエールを送っているのである。

こうして見てくると、前出の財界人が図らずも漏らしたように、3日間で4・5％という急激な元安ドル高誘導は、何よりもSDRを獲得するために、IMFの意向に従ったものと言えるだろう。

中国がSDRにこだわる理由

それでは、中国はなぜそこまでして、SDRの取得にこだわるのか。

私が北京で暮らしていた2011年1月、SDR取得のためのバイブルとも言える本が、北京で出版された。『中国金融戦略2020』というタイトルの462ページもある専門書で、著者は当時、中国の通貨制度を決める中国人民銀行通貨政策委員会の15人のメンバーの一人だった夏斌《かひん》・国務院発展研究センター金融研究所長である。その本の中で夏斌所長は、人民元がSDRを取得するメリットは、主に次の4点としている。

①人民元による世界への融資と投資を可能にする
②中国を中心とした世界の富の再分配を行える
③世界における中国の金融機関の地位を格段に押し上げる
④多種多様な税収が期待できる

以下、2008年秋のリーマンショック以降、中国がいかにしてSDR取得と人民元国際化という国家目標に向けてチャレンジしてきたかを見ておこう。

第二次世界大戦後の世界金融は、大戦末期の1944年夏に、アメリカのニューハンプシャー州ブレトンウッズで44ヵ国の代表が取り決めた、いわゆるブレトンウッズ体制によって動いてきた。世界の復興や成長に必要な短期資金はIMF（国際通貨基金）が、長期資金はWB（世界銀行）が調達し、いずれもアメリカがドルという基軸通貨によって管理するという国際ルールである。

ところがこのブレトンウッズ体制は21世紀に入って危機を迎えた。２００８年秋に起こったアメリカ発の世界的金融危機、いわゆるリーマンショックだ。

同年11月、退任を間近に控えた米ブッシュ大統領は、戦後連綿と築いてきたブレトンウッズ体制を維持するため、主要国19ヵ国プラスＥＵの代表をワシントンＤＣに集めて、初めてＧ20（主要国・地域サミット）を開催した。日本からは、当時の麻生太郎首相と、故・中川昭一金融担当大臣が参加している。

このＧ20の初会合で、誰よりも世界の耳目を集めたのが、中国の胡錦濤主席だった。胡主席は、中国が４兆元（当時のレートで約58兆円）の緊急財政支出を行うと宣言。その代わりに米ドル一極支配からの脱却と、世界経済の実態に見合ったＩＭＦ改革を訴えたのだった。

これは、直前に北京オリンピックを成功させて自信をつけた中国の、戦後のブレトンウッズ体制に対する「宣戦布告」に他ならなかった。自らが先進諸国の危機を救うことで、一気にＧ７時代を終焉させ、アメリカと中国の２大国が世界を主導する新たなＧ２時代を築こうと企図したのである。

２００９年３月、中国人民銀行の周小川総裁が、「ドル、ユーロ、円、ポンドの４通貨から成る現行のＩＭＦのＳＤＲを、超国家的な準備通貨に変えるべきだ」という主旨の論文を発表し、世界の金融関係者を驚愕させた。

中国は続いて、世界最大の外貨準備にモノを言わせて、「ＩＭＦ買収策」に出た。金融危機の影響をもろに受けたＩＭＦは、必要な緊急融資が相次いでいるにもかかわらず、資金繰りに苦しんでいた。そこでＩＭＦは同年５月、融資枠を２５００億ドルから７５００億ドルに大幅拡大するにあたって、初のＩＭＦ債の発行を発表した。すると翌６月に中国が、「ＩＭＦ債を最大５００億ドル分、購入する」と応じたのである。

ここで登場したのが、中国の「ＩＭＦ攻略のキーパーソン」朱民氏だった。

エリート副総裁が語った中国政府の野望

私が初めて朱民氏と出会ったのは、２００４年９月に北京で開かれた、ある経済フォーラムの席だった。このフォーラムには、世界から１００人以上の政財界の大物が参加した。

　2日間にわたるフォーラムの議論を事実上、リードしていたのは、身長185cmを超す長身の、銀縁メガネをかけた童顔の中国人だった。欧米人の参加者たちが矢継ぎ早に、社会主義国である中国の経済システムの欠陥を指摘すると、たいていの中国人は、しどろもどろになってしまう。だが、その長身の中国人だけは、アメリカ人顔負けの、時折ジョークを交えた早口の英語で反論し、どんな欧米人の論客をも論破してしまうのだった。

　私は、中国には〝モンスター〟がいるものだと感心し、フォーラム終了後に行われた立食パーティの席で、挨拶に行った。それが朱民氏との初対面だった。

　当時、中国銀行の副頭取だった朱民氏は、次のように自己紹介した。

「私は1952年生まれで、上海の復旦大学経済学部を出て、1970年代末から始まった改革開放後の最初のアメリカ留学組になりました。MBAはプリンストン大学で、博士号はジョンズ・ホプキンス大学で取得しました。その後、経済学者になり、ジョンズ・ホプキンス大学や、母校の復旦大学で教え、世界銀行に移りました。そして1996年に、国際金融担当として中国銀行に入ったのです。言ってみれば、中国とアメリカを往復するような人生ですよ」

その後、第2章で述べたように、世界経済フォーラム（WEF）が、2007年秋から、毎年9月に「夏のダボス」を中国で開催するようになった（大連と天津で交互開催）。2007年9月の「夏のダボス」を取材で訪れると、朱民副頭取は、すでに中国政府を代表する「顔役」のようになっていた。

翌2008年9月、リーマンショックの直後に「夏のダボス」で会った時、朱民副頭取に金融危機の中国への影響を聞いたところ、次のように答えた。

「いまの世界は、大別して3つのグループが動かしています。第一にアメリカやイギリスなどの金融大国。第二は中国、日本、韓国、ドイツなどの輸出大国。第三がロシア、中東、ブラジルなどの資源大国です。今回の金融危機で打撃を受けたのは第一のグループであって、第二、第三グループは『余波』を受けたに過ぎません。特に中国は、13億の巨大市場があるので、内需拡大策に転換を図れば、アメリカのような危機には絶対に至りません。

私は今回の金融危機を契機として、世界経済の中心が西から東へ移るのではないかと見ています。その際、カギを握るのがＩＭＦの存在です。ＩＭＦは第二次世界大戦後、一貫して欧米人が牛耳っているので、これを改革しないことにはアジアの時代は訪れません」

後から振り返ってみると、この時朱民氏は中国政府の野望を示唆したのだ。

「専務理事特別顧問」という妥協の産物

翌2009年9月に「夏のダボス」でお目にかかった時には、かつて20世紀末に日本が提起し、アメリカに阻止されたAMF（アジア通貨基金）構想について言及した。

「IMF改革は、もちろん必要です。だがそれと同時に、われわれはアジアに生きる者として、IMFがアジアの金融市場を安定化できないのなら、自分たちで独自の通貨準備制度（AMF）を創ればいい。いまある2国間のスワップからマルチのスワップへと広げていくのです。アジア債券市場を創ってアジアの資本を域内に留め置くことで、欧米の乱高下に左右されなくするわけです」

この発言の翌10月、朱民氏は、一国有銀行の中国銀行副頭取から、中央銀行である中国人民銀行の副総裁へと「華麗なる転身」を果たした。

2010年2月24日、IMFは、「中国人民銀行の朱民副総裁を、ストロスカーン専務理事の特別顧問に任命した」と発表した。これは日本にとって、突然のニュースだった。

IMFのトップである専務理事には、ヨーロッパ人が就くという「不文律」があった。そして専務理事を支える3人の副専務理事は、筆頭副専務理事がアメリカ人、2人目が「アジア代表」の日本人、そして3人目は、「アジア大陸以外の代表」とする暗黙の了解があった。つまり中国は、いかに経済的に台頭しようが、IMFの中枢に入っていく余地はなかった。

その一方でIMFは、チャイナマネーがないと逼迫するほど追い込まれていた。そこでIMFと中国は、「専務理事特別顧問」なる新設ポストを無理やり拵《こしら》えたのだった。

日本が懸命に防いだIMF「中国議決権2位」

２０１０年9月の「夏のダボス会議」で、私は朱民氏から新しい名刺をもらったが、中国語では「総裁特別顧問」と書かれていた。その時、焦点のＩＭＦ改革について問うと、次のようにジョークでかわされた。

「ＩＭＦではね、私は少数民族なんです。ランチも一人だし、寂しい限りです。ＩＭＦ改革は、一歩一歩ですね」

その3ヵ月前の２０１０年6月19日、中国人民銀行の決定が、世界のトップニュースとなってかけめぐった。ついに、ドルペッグ制からの訣別を発表したからである。

中国はこの為替改革を皮切りに、矢継ぎ早に人民元決済の自由化などを進めていった。それは、同年の年末を見据えていたからだった。２０１０年12月にＩＭＦの最高意思決定機関である総務会が開かれ、5年に一度の議決権改定が行われたのだ。

同年12月16日、ＩＭＦは議決権の改定を発表した。それまで中国は、議決権6位（３・６５％）に甘んじていたが、アメリカ（17・４１％）、日本（６・４６％）に次ぐ3位（６・０７％）までポジションを上げた。

日本の財務省関係者が、その時の舞台裏を述懐する。

「中国の札束外交は、凄まじかった。彼らは一気呵成に日本の議決権を超えて2位になろうと野心満々だった。

そこでわれわれはオバマ政権に対して、『日本の議決権2位が従来通り確保されなければ、戦後のブレトンウッズ体制は崩壊してしまう』と説いた。アジアの経済発展は、日米が組んだＡＤＢ（アジア開発銀行）を基調とした秩序によって成り立っている。この秩序を崩さないためには、日本の議決権が中国より上位でなければならないのだ。

結局、オバマ政権は日本の味方になってくれて、何とか中国にナンバー2のポジションを奪われない形で矛を収めることができた」

一方の中国はどうだったか。前出の大物財界人が明かす。

「この時の結果は、嬉しさ半分、悔しさ半分だった。嬉しさというのは、わが国の議決権が、ようやく世界第3位まで上昇したからだ。一方の悔しさというのは、アジア最大のライバルである日本を追い越せなかったことだ。

２０１０年という年は、中国が日本のＧＤＰを追い越し、世界第2位の経済大国になった年だ。かつ2年間にわたって、アメリカ発の金融危機から世界が復興できたのは、我が中国が世界経済を牽引したからに他ならない。それなのに先進国クラブは、最後の最後になって結束し、わが国の議決権が日本の議決権を上回ることを許さなかった。これはあまりに理不尽だ」

中国に媚を売ってIMFの新トップに

2011年に入ると、再び中国に「追い風」が吹いた。

同年5月14日、IMFのストロスカーン専務理事が、滞在先のニューヨークのホテルで、ホテル勤務の女性を部屋に軟禁して性的暴行を加えた疑いで逮捕されたのである。このスキャンダルによって、IMFに3年半にわたって君臨してきた最高権力者が、あっけなく去っていった。

フランスは、自国のメンツにかけて、女性のラガルド経済財政雇用大臣を、後任のIMF専務理事に送り込もうとした。ストロスカーン専務理事の辞任があまりに電撃的だったため、他の国は候補者の調整がつかなかった。

こうして先進国クラブのコンセンサスは取れたが、問題は世界第2位の経済大国となった中国だった。中国政府は、ラガルド氏が後継のＩＭＦ専務理事に就任することに対して、好意的ではなかったからだ。

たとえば、中国共産党機関紙『人民日報』社発行で中国最大の国際ニュース紙『環球時報』（5月26日付）は、次のような内容の記事をトップに載せた。

〈アメリカ人が世界銀行総裁に就き、ヨーロッパ人がＩＭＦ専務理事に就くという慣習は、もう長く、世界の世論から「奇怪なこと」と捉えられてきた。折しもユーロ危機の中、このままヨーロッパ人がＩＭＦ専務理事職を続けるのは、出来の悪い生徒が出来のいい生徒を教えるようなものだ。

ヨーロッパ人は、なぜ中国を始めとする新興国の中から次期専務理事を選ぶことを恐れているのか。世界第2位の経済大国である中国の代表が専務理事になれば、ユーロ危機への対処も、より客観的にできるし、これまでＩＭＦを牛耳ってきたヨーロッパ人に積年の恨みを抱く新興国も納得するだろう〉

こうした中国の態度に恐れをなしたラガルド候補は、同年6月8日、9日、多忙の合間を縫って「北京詣で」を行った。ラガルド候補は、国際担当の王岐山副首相（現党常務委員）や周小川総裁に面会して平身低頭、推薦を求めたのだった。前出の財界人が語る。

「この時、中国側は『3点セット』をラガルド候補に突きつけた。第一に、今後IMFは人民元の国際化に全面的に協力すること。とりわけSDRに人民元を組み込むことに協力することだ。第二に、前年末に決定した議決権の改定を、早く実効させるようにすること。第三に、『専務理事特別顧問』という中二階のような肩書をつけられた朱民を即刻、副専務理事に昇格させることだ。ラガルド候補は即座に、この3つの中国側の要求を呑むと約束した」

当時、私は北京に暮らしていたが、一連の会談を終えた後、ラガルド氏が三里屯《さんりとん》のフランス大使館で記者会見に臨んだ時のテレビ映像を記憶している。ラガルド氏は、まるで中国政府の代弁人のように、中国を絶賛しまくったのだ。

「IMFはもっと新興国の意見に耳を傾けねばならない。中国の議決権が、昨年末に3・65％から6・07％に引き上げられたが、各国は早くこの決議を批准すべきだ。IMFは今後、人民元の国際化を全面的に支持していくし、IMFは常に中国とともにある……」

こうしてラガルド候補は、同年6月28日のＩＭＦ理事会において第11代の専務理事に選出されたのだった。そして、ラガルド専務理事が誕生して2週間後の7月12日、朱民氏が晴れて、4人目の副専務理事に選出されたのである。

それから2ヵ月後の２０１１年9月、「夏のダボス会議」で再会した朱民氏は、ＩＭＦ副専務理事の感想を、次のように漏らした。

「私がというより、中国人が副専務理事に就いたことに意味があります。副専務理事の仕事は、とにかく忙しいの一言に尽きますよ。アメリカの国債危機にＥＵの政府債務危機……。次から次へと難問山積で、息つく暇もありません」

中国に立ちはだかるアメリカという壁

ラガルド専務理事はその後も、事あるたびに「親中発言」を繰り返した。例えば２０１４年6月7日には、ロンドンで次のように述べて物議を醸した。

「時代は移ろいゆくものだ。私は将来、ＩＭＦの本部が、ワシントンＤＣから北京に移転することがあっても、少しも驚かない」

だが実際には、2015年秋の時点で、ラガルド専務理事は、就任にあたって中国政府に約束したはずの「3点セット」のうち、二つを果たしていない。人民元は相変わらずIMFのSDRに組み込まれていないし、2010年末に取り決めた議決権改定も、実行されていないからだ。

「どちらもアメリカがネックになっているのだ。アメリカは一貫して、①兌換《だかん》の自由、②為替の自由、③中央銀行の政府からの独立という3点を中国が実現しない限り、人民元を国際通貨として認めないという立場を貫いている。そして、2010年末のIMF総務会の議決権変更決議を、米連邦議会がいまだに批准しないため、発効されずにいるのだ。

かつアジアにおいて、アメリカの立場を全面的に支持しているのが日本だ。日本はいつもわが国の行く手を阻もうとする」（同・財界人）

このように胡錦濤政権は、北京オリンピックを成功させた2008年夏以降、国を挙げて、戦後のブレトンウッズ体制に挑戦してきた。だが先進国クラブの壁は厚く、「本丸」のIMFを突き崩すには至らなかったのである。

習近平「ＡＩＩＢ」設立の狙い

２０１２年11月の第18回中国共産党大会で、胡錦濤総書記を始めとする中国共産党の「革命第４世代」は、こぞって引退した。胡錦濤政権からバトンタッチした「革命第５世代」の習近平政権は、先代の教訓を踏まえ、２０１５年末のＩＭＦ総務会でＳＤＲを獲得することを、引き続き国家目標にした。

減速していく中国経済をカバーするには、中国語で言う「走出去《ゾウチューチュイ》」（中国企業の世界進出）が必須だった。そのためには、どうしてもＳＤＲを獲得して、人民元の国際化を図る必要があったのだ。

その一方で習近平主席は、ＩＭＦという組織自体に不信感を抱いていた。

古代から中国は一貫して、世界一の経済大国だった。特にアジアは中国を中心とした「冊封《さくほう》体制」によって秩序が保たれてきた。だが、１８４０年に起きたアヘン戦争で敗れ、米英をはじめとする欧米列強や日本に侵略されて中国は没落していった。だから「中華民族の偉大なる復興という中国の夢」を何としても実現させる——これが習近平主席の野望だ。

その米英が構築したのがＩＭＦである。ＩＭＦ攻略は引き続き続けるが、世界第2位の経済大国として、「自前のＩＭＦ」を構築したかった。

この構想を実現させたのが、日本でも広く知られるようになったＡＩＩＢ（アジアインフラ投資銀行）だった。２０１３年10月3日、習近平主席は、インドネシアＡＰＥＣ（アジア太平洋経済協力会議）出席のために訪れたジャカルタの国会で、次のように述べたのだった。

「中国はＡＳＥＡＮとの連携を強化するため、ここにアジアインフラ投資銀行の創設を提唱する。これは、中国がＡＳＥＡＮを含む発展途上国のインフラ整備を支持するという決意表明だ」

習近平主席は同時期に、「シルクロード経済ベルト」と「21世紀海上シルクロード」、すなわち「一帯一路」（ワンベルト・ワンロード）を周辺外交のキャッチフレーズとして提起した。ＡＩＩＢはまさに、この「一帯一路」を推進する牽引役として設立する国際機構だった。

「中国経済の失速が、ひたひたと迫っていた。もはや『世界の工場』も『世界の市場』も行き詰まり、『世界への進出』しか生き残る道はなかった。そこで『一帯一路』とＡＩＩＢをブチ上げたのだ。この構想は、習新主席のプライドを満足させるものでもあった」（国内の経済官僚）

こうした習近平時代の一連の構想の司令塔となったのは、第2章で詳述した習近平主席の経済ブレーンである劉鶴・党中央財経指導小グループ弁公室主任だ。そして彼の「指導」のもとで、ＡＩＩＢの実際の設立準備を行ったのは、財政部だった。前出の大物財界人が続ける。

「2013年10月に、財政部の史耀斌《しようひん》副部長（副大臣）直轄で、国際財金提携局に『ＡＩＩＢ設立活動グループ』を設置。ＡＳＥＡＮを中心とするアジア各国に参加を呼びかけた。

2014年1月初旬に、ＡＤＢ（アジア開発銀行）の中尾武彦総裁が北京を訪れた際には、楼継偉《ろうけいい》部長（財務相）と史耀斌副部長が個別に会見。ＡＤＢに協力を求めるとともに、日本にも参加を呼びかけた。だが、中尾総裁からの明確な回答はなかった」

ＡＤＢは、日本とアメリカが中心になって、1966年にマニラに設立した、いわば「世界銀行アジア支店」だ。歴代9人の総裁は、すべて日本の官僚が占めてきた。うち8人が財務官僚で、一人が日銀マンである。

ASEANや欧州諸国が雪崩をうって参加表明

2014年1月24日、北京で第1回の「AIIB設立準備多国間協議」が開催された。

「この時集まったのは、ASEAN諸国を中心とする十数ヵ国だった。この第1回の会議では、参加した国々から、日米主導のADBに対する不満が炸裂した。『ADBは申請後、融資を決めるまでに2年近くも調査を行い、おまけに申請の5％しか通らない』『ADBは融資後の調査もあまりに厳格で、アジアの実情に合わない』……。われわれにはノウハウがなかったが、アジア各国の不満を聞くうちに、手応えを感じた」（同前）

ADBは、アジアには2010年から2020年までに、8兆ドル規模のインフラ建設が必要との試算を発表していた。これに対して、ADBの2014

年の融資枠は、131億ドルしかなかった。単純計算すれば、需要の2割しか供給できない。

中国は3月28日に、第2回のAIIB設立準備多国間協議を開催した。参加国は15ヵ国となった。続く第3回は、6月10日に上海で開催した。第4回は8月7日、8日に北京で開催し、第5回は9月27日に北京で開催した。

2014年10月24日、北京の人民大会堂で、習近平主席立ち会いの下、アジアや中東の21ヵ国代表が集まって、「AIIBの枠組みに関する政府間覚書」の調印式が行われた。翌月の北京APECを前に21ヵ国も集まったことで、習近平主席はご機嫌だった。

こうして無事に覚書の調印式を終えると、中国は参加国の拡大を目指した。習近平主席は、11月10日、11日に北京で主催したAPECに合わせて、二十数ヵ国の首脳と個別会談を行ったが、まだ参加を表明していないアジアの国に対しては、強く参加を呼びかけた。

11月28日、新たにインドネシアを加えた22ヵ国が、中国雲南《うんなん》省の省都・昆明《こんめい》に集結。改めて、「AIIB設立準備　第1回首席交渉官会合」を開いた。史耀斌副部長が主催し、AIIB設立準備臨時事務局の金立群事務局長が現場を仕切った。

　２０１５年1月15日と16日、26ヵ国がインドのムンバイに集まって、第２回首席交渉官会合を開催した。この頃から中国は国を挙げて、先進国の参加に向けて全力で説得工作にあたった。

　こうした中、難攻不落と思えた先進国グループのうち、徐々に態度を変えていったのが、イギリスだった。オズボーン財務大臣は、「来る5月の総選挙に勝利するにはチャイナマネーを呼び込むべきだ」と主張して、キャメロン首相を説得。ついに3月12日に、ＡＩＩＢへの参加を表明したのだ。その5日後には、ドイツ、フランス、イタリアも参加を表明した。

　２０１５年年末の発足時の参加締切日である3月31日に合わせて、３月30日、31日に第3回首席交渉官会合を、カザフスタンで開催した。

　4月15日、中国財政部国際財金提携局は、「ＡＩＩＢの創設時のメンバーは、計57ヵ国となった」と発表した。

　この時、日本は、「ガバナンス（意思決定のシステム）と透明性が確保されていない」として、当面の参加を見送る方針を決めた。日本政府高官によれば、麻生太郎副総理兼財務相が強く反対を唱えたことが決め手になったという。日本は、ＡＤＢのライバル出現を、不快に思ったのである。

潜入後、中国公安に追い出される

４月27日と28日、北京の迎賓館にあたる釣魚台国賓館で、第４回首席交渉官会合が開かれた。ＡＩＩＢの設立メンバーである57ヵ国の首席代表による初めての首席代表会議である（バングラデシュとネパールは委任）。私もこの会議の取材のため北京を訪れた。

まるで夏と冬しかないような北京の大陸性気候にあって、この時節はもう、真夏の気候である。日中の気温はすでに摂氏31度。しかも、北京っ子たちが皮肉を込めて「沙 架 霾《シャーシュイマイ》定食」と呼ぶ、霧霾《ウーマイ》（ＰＭ２・５）、沙尘暴《シャーチェンバオ》（黄砂）、柳絮《リウシウ》（柳の綿ボコリ）にまみれた空気のため、呼吸が苦しい。

釣魚台は１９５９年の建国10周年を記念して、皇帝の園林だった場所を改装した中国の迎賓館である。広さは東京ドームの10倍近い42万㎡もあり、19の棟や庭園からなる。また、最高幹部の職住地である中南海《ちゅうなんかい》に次いで、警備が厳しいことでも知られる。世界中から訪れる各国首脳が連日、宿泊するからだ。

釣魚台を訪れてみると、案の定、正門前で各国の北京特派員たちが、待ちぼうけを喰らっていた。その数、20人ほど。武装警察と硬い鉄柵が立ちはだかって、中は窺い知れない。

そこで、釣魚台での取材は諦めて、友誼賓館に行ってみることにした。前日に、旧知の北京市政府関係者から、次のように聞いていたからだ。

「今回の代表団は、釣魚台国賓館からさほど遠くない友誼賓館に宿泊している。仕切っているのは、北京市傘下の国有企業、北京天翔国際旅行社だ。各国代表団の北京での費用は、すべて中国政府が負担している」

友誼賓館は、釣魚台と同じ海淀《かいえん》区の北第三環状線と中関村路が交差する所にある。もともとは1954年に、社会主義の兄貴分だったソ連の建築技術者たちを泊める施設として建設され、国務院西郊招待所という名称だった。100０以上のソ連人技術者を受け入れるため、33・5万㎡の敷地に、51棟もの宿泊施設を造ったのだ。その後、一般のホテル（群）となったが、あまりに広大で、いつも中で迷ってしまう。

だがこの日は、迷うことはなかった。怡賓楼（4号棟）の周囲だけ、ものものしい警備を敷いていたからである。ここを貸し切りにして、57ヵ国の代表たちを宿泊させていることは間違いなかった。西側の奥手に位置する、一部屋1泊598元（約1万2000円）の棟だ。

怡賓楼の外の警備を突破し、1階ロビーを入ると、厳重なボディチェックと荷物検査が待っていた。それらを受けている間に、公安（警察）の一人に、「なぜ身分証を首から下げていないのだ」と指摘された。たちまち4～5人の公安に取り囲まれて、追い出されてしまった。

追い出されただけで、捕まらなかっただけマシだった。前出の北京市政府関係者は、次のように警告していたからだ。

「今回、参加各国に配付した英文資料には、わざわざ『DO NOT DISCLOSE TO THE MEDIA』（メディアに公開してはならない）と念押しがされていたほどだ。特に、参加してもいない日本の記者は、『敵国のスパイ』も同然だから、バレたら大変な目に遭うだろう」

AIIB本部ビルの極秘建設現場

続いて、北京市西城《せいじょう》区にある金融《きんゆう》街（北京のウォール街）へ向かった。

金融街へ来たのは、3年ぶりだった。市内でここでしか見られないような「白領族《バイリンズー》」（エリートビジネスマン）が、金融街の摩天楼を闊歩している。

金融街の南の端が中国人民銀行なら、北の端は、太平橋《たいへいばし》大街の西側に位置する全国政協礼堂である。貨幣の形を模した半弧形の中国人民銀行ビルから、金融大街の目抜き通りを徒歩で北上すること1時間近く、ようやく全国政協礼堂の威容が目に入ってきた。政協とは、中国人民政治協商会議の略で、中国政府に対する唯一の諮問機関である。

私がその場所を訪れたのは、礼堂見学が目的ではなかった。太平橋大街の通りを挟んで礼堂の真向かいの東側一帯に広がる土地を見るためである。

その場所は、東西約300m、南北約150mにわたって、空き地になっていた。その空き地の周囲には、臨時の高い壁が築かれていて、中を覗けないように囲われている。前出の北京市の政府関係者から、次のように聞いていた。

「ＡＩＩＢは、完全に独立した国際機関だと習近平政権は喧伝しているが、そんなことはまったくない。あれは完全に、習近平政権による政治の産物だ。その証拠に、習近平主席の勅命によって、金融街の北方に北京市が所有していた広大な土地を、提供させられた。そこに年末までにＡＩＩＢの本部ビルを建てる。最近、極秘工事が始まったところだ」

道理で不自然な高壁が、周囲に張り巡らされているわけだ。そこには他の工事現場のように、工事の内容を表示するボードさえ掛かっていなかった。

その代わり、張り巡らされた壁には、中国共産党中央宣伝部提供の公告が、全面に描かれていた。中でも一番多いのは、「社会主義価値観」をさまざまな絵で表現した公告だった。

「社会主義価値観」とは前述のように、習近平総書記が唱える12の徳目――富強、民主、文明、和諧、自由、平等、公正、法治、愛国、敬業、誠信、友善のことだ。北京市の至る所に、この垂れ幕や標語が掲示されていて、中国共産党員たちは、この12の徳目を暗唱できないと、「習近平路線に背いた」とみなされて、批判される。

工事現場に張り巡らされた壁は、「社会主義価値観」のオンパレードだった。この24文字を、唐詩のように昔風の書で描いたり、仙人のような老人が子供たちに言い聞かせるマンガにしていたり、文字を美しい絵にしたりして、手を替え品を替え壁に描いているのだ。

こうした「外観」を見る限り、たしかに北京市政府関係者が指摘したように、ＡＩＩＢは習近平政権の「政治の産物」としか思えない。その周囲は、公安（警察）がパトロールカーをあちこちに配備して厳重に警備していた。

大きくなりすぎて業務が先送りに

壁に小さな隙間を見つけたので、そこに顔を当てて、中の様子を覗き込んでみた。すると、地下を長方形にかなり深く掘り、基礎工事を行っていた。それを見る限り、日本ではあと2年くらいはかかりそうな工事だが、突貫工事を得意とする中国では、半年余りで完成させるつもりなのだろう。

このAIIBの突貫工事自体が、AIIBという組織を象徴しているように思えてきた。「日本が主導する既存のADBでは、審査の決定が遅すぎる」というのが、中国が新たにAIIBを設立する理由の一つになっているからだ。

第3章に登場した大物財界人に、改めてAIIBについて聞くと、次のように述べた。

「習近平主席の勅命によって、(2015年)年末に、二つも国際開発銀行を設立する。一つは北京に設立するAIIBで、もう一つは上海に設立するBRICS(新興5ヵ国)開発銀行だ。だが、これだけ手を広げてしまったことで、財政部の国際金融分野での人手不足は深刻だ。

そもそも2013年に習主席がAIIBの設立構想を宣言した時は、一つの円卓しかない小さなレストランを開店させるイメージだった。要するにアメリカが主導する自由貿易体制であるTPP(12ヵ国が参加する環太平洋パートナーシップ協定)と同規模の、10ヵ国くらいの参加を見込んでいたのだ。それでも、もしも参加者がもう少し増えた場合にということで、予備としてもう一つの円卓も、倉庫にしまっていた。

ところがいまや、57ヵ国もの『食客』が集まり、円卓は5つあっても足りなくなってしまった。これは嬉しい誤算と言えたが、準備は当初予定していたより、どんどん先送りになっている。それでも、習近平主席が『年内に発足させる』と宣言したのだから、国家のメンツにかけても、必ず年末に発足させねばならない。かつ、AIIB債の格付けを上げねばならない。そのような事情で日本にも参加してもらい、ADB50年の経験で助けてほしいのだ」

土壇場でAIIB参加を見送った国も

だが日本の安倍晋三政権は、設立時には不参加と決めていた。それどころか、中国への対抗心をあらわにした。安倍首相は5月21日、「ADBと連携し、アジアのインフラ整備のために、今後5年間で1100億ドル（約13兆2000億円）を投じる」と宣言したのだった。

同時期の5月20日と21日、57ヵ国のAIIB設立時の参加国は、第5回首席交渉官会合をシンガポールで開いた。

そして6月29日、北京の人民大会堂で、ＡＩＩＢの設立協定署名式が挙行された。１ヵ国ずつ国名が呼ばれると、代表者が壇上に上がって設立協定書にサインし、会場の拍手を受けるという演出だった。

だが57ヵ国のうち、フィリピン、デンマーク、クウェート、マレーシア、ポーランド、南アフリカ、タイの７ヵ国が署名を見送るという事態が起こった。そのため、挨拶を行った習近平主席は終始不機嫌で、笑顔も見せなかった。中国財政部は、「国内手続きに時間がかかっている国もあったが、年末までに署名を済ませれば問題ない」と、必死に取り繕ったのだった。

同日、中国財政部は、「ＡＩＩＢの中国の出資比率は30・３４％となり、議決権の26・０６％を保有する」と発表した。融資案件の議決には、全体の75％以上の議決権が必要なので、中国だけが「拒否権」を持つことになる。

さらに、８月24日にジョージアの首都トビリシで第６回首席交渉官会合が開かれ、ＡＩＩＢ設立準備事務局の事務局長を務めていた金立群元財政部副部長が、初代のＡＩＩＢ総裁に就任することが内定した。

こうして習近平主席の「夢」だった「中国版IMF」が、2015年年末に北京で設立する準備が整った。

2016年以降のAIIBが成功するかどうかのポイントは、AIIB債の格付けがどうなるかにかかっている。9月17日、金立群《きんりつぐん》初代総裁予定者は、出張先のシンガポールで、次のように豪語した。

「現在、国際的に強い影響力を持つムーディーズ、S&Pなどの格付け会社に、公正なAIIBの評価を求めているところだ。公正な評価がされない場合は、中国市場で容易に300億ドル程度は調達できる。そして投資家がAIIBにトリプルAの評価を与え、アメリカの格付け会社がそうしないのならば、それは格付け会社の評価が大きく下がるというものだ」

すでに設立前から米中の水面下でのつばぜり合いが始まっているのである。

2015年9月22日から25日まで国賓として訪米した習近平主席は、24日の晩餐会及び25日の米中首脳会談で、オバマ大統領に対して、年末のIMF総務会での人民元のSDR取得への賛同と、2010年の議決権変更の決定の批准を強く迫った。これに対してオバマ大統領は、「IMFの基準に人民元が見合うのならサポートする」「批准は早期にできるよう努力する」と答えたのだった。

習近平主席は、アメリカがこの2点を呑まないならば、保有している大量の米国債を売却すると言って、オバマ大統領を脅したような気がしてならない。まさに習近平流の剛腕外交である。

第4章

権力闘争という経済損失

習近平と江沢民「仁義なき最終戦争」の行方

爆発現場の衝撃映像はすべて放映禁止に

「これは人災だ!!」

２０１５年8月12日深夜11時半頃（中国時間）、天津で大爆発事故が起こった。その直後から、私のスマホの「微信」（WeChat）が次々に鳴り出し、翌朝には中国からのメッセージで一杯になった。

その中で一番多かったのが、冒頭のような怒りだった。人口１５００万人の中央直轄地、天津で起こった事故だけに、隣接する２２００万北京市民も含めて、近隣住民たちの怒りが爆発したのだった。

阿鼻叫喚《あびきょうかん》の修羅場は徐々に収まっていったものの、降り続いた雨が地下の有毒ガスと化合し、市内のあちこちで不気味な煙が立ち上った。現場付近には、防毒マスクを着用しなければ近寄ることさえできず、世界第4位の貨物取扱量を誇る天津港は8月中、完全にマヒした。

『中国経済週刊』（8月31日付）は、ドイツ紙の報道を引用する形で、経済的損失は７３０億元（約1兆４６００億円）に上ると報じた。２０１５年上半期の経済成長率の伸びが９・４％と、全国31地域中３位につけていた天津は、この一発の事故で完全に失速してしまった。

事故から1週間経った8月19日に、天津市政府は「死者１１４人、行方不明者65人」と発表した。爆発の規模から見ても、実際はこんなものであるはずがなかった。いわゆる「大本営発表」である。

天津で記者をしている知人が、「微信」で怒りのメッセージを送ってきた。

「天津テレビの取材クルーが事故現場に真っ先に入り、この世のものとは思えない現場の地獄絵を撮影している。そこには、大量の遺体も含まれている。数は１０００人を超えていたかもしれない。３０００ｔの危険化合物が爆発したのだから無理もない。それなのに、共産党中央宣伝部と国家新聞出版広電総局からすぐにお達しが来て、『取材ビデオはすべて中国中央テレビ（ＣＣＴＶ）に差し出せ』と命じられた。没収された数は１５０本に上った。

ところが、中国中央テレビのニュースを見て唖然とした。天津テレビが決死の覚悟で取材・撮影した現場の様子はことごとくお蔵入りにされ、『愛と感動の救出物語』にすり替えられていたからだ。新聞や雑誌メディアにも同様に、『当面の間、新華社通信の配信以外の報道をしてはならない』と指令が来た。そこでわれわれの選択肢は二つとなった。『愛と感動の救出物語』を連日報じるか、そうでなければ何も報じないかだ」

私もあの事故の翌朝から、気になってずいぶんと中国のネットでニュースを見たが、なかなか真実は伝わってこなかった。１５００万都市が大被害を受けたのだから、大変な損失を被ったに違いない。だが中国当局の報道規制と、ウェブやＳＮＳまで含めた検閲のせいで、その詳細が伝わってこないのだ。

爆発した猛毒ガスの全貌

そんな中、1本だけ傑出した報道番組があった。それは、8月17日夜7時38分から15分間放映された中国中央テレビの報道特集番組『焦点訪談』だ。

番組の大半は、爆発現場となった天津浜海《ひんかい》新区にある瑞海《ルイハイ》国際物流公司の倉庫周辺への取材に費やされた。まるでオウム真理教のサティアンに入っていくかのようで、ここまで核心に迫った現場取材は他になかった。

番組は、北京から駆けつけた北京公安消防総隊核生物化学処理部隊26人に密着取材するところから始まった。同部隊の呂峥《ろそう》参謀が、「わが部隊の誇る最新観測車で、化学危険物から生物病菌まで何でも調べられる」と胸を張る。

番組の記者は、爆発現場から５００ｍの所まで迫り、毒物採取現場を密着取材した。30分しか呼吸がもたないという防護服に身を包み、猛毒に蝕《むしば》まれた地面を匍匐《ほふく》前進していく姿は、まさに戦場そのものである。

採取現場から戻ってきた同部隊の李興華《りきょうか》副参謀長が、汗をかきながら証言した。

「昨日も今日も、猛毒ガスのシアン化ナトリウムと神経ガスが検出された。おまけに、どちらも危険水準の最高値を記録した」

神経ガスと言えば、日本人が思い起こすのは、20年前にオウム真理教が地下鉄に撒《ま》いたサリンだろう。神経ガスは、化学兵器禁止条約（ＣＷＣ）によって生産と貯蔵が禁止されている。そんな危険物が港近くの倉庫に、なぜ大量に保管されていたのか？

さらにこの番組の記者は、公安部消防局の牛躍光《にゅうやくこう》副局長にインタビューしている。牛副局長は、爆発した瑞海国際物流公司の巨大倉庫の配置図を黒板に描きながら、内部のどこに何が保管されていたかを、初めて詳細に述べたのだった。それは、次のようなものだった。

運抵倉庫　硝酸アンモニウム、硝酸カリウム、シアン化ナトリウム、P－フェニレンジアミン、ジメチルアニリン
重箱区倉庫　ジクロロメタン、クロロホルム、四塩化チタン、ギ酸、酢酸、ヨウ化水素、メタンスルホン酸、炭化カルシウム
中転倉庫　硫化水素ナトリウム14t、硫化ナトリウム14t、水酸化ナトリウム74t、無水マレイン酸100t、ヨウ化水素7・2t
危険化学品1号倉庫　硝酸カリウム、硝酸ナトリウム、珪化《けいか》カルシウム、ペンキ630ケース
危険化学品2号倉庫　硫化ナトリウム、メタンスルホン酸、シアノ酢酸、アルキルベンゼンスルホン酸

通路　マッチ10t、珪化カルシウム94t

これだけの危険物が、８月12日の晩に、一気に爆発したのだ。跡地には、サッカースタジアムの半分くらいの「毒ガス池」ができた。危険なので人民解放軍が周囲に築いたという１mくらいの高さの堤も映っていた。

最後にテレビカメラは、この地域にたった１ヵ所しかないという汚水処理施設を映し出した。何だかオモチャのような施設だった。

こんな施設で、あれほど毒物まみれになった汚水をきちんと分解処理できるとは、到底思えなかった。おそらく地下水による二次被害は、大変なものとなるだろう。実際、近くの川では、大量の魚の死骸が浮いていた。

党中央宣伝部と新聞出版広電総局の恐るべき力

『焦点訪談』は、わずか15分の番組だが、大変素晴らしい内容だった。中国国内でも、大きな反響を巻き起こした。

ところがである。またもや共産党中央宣伝部と国家新聞出版広電総局が、放映された翌日に、この番組をインターネット版から削除してしまった。番組について感想を述べたりしたサイトも、すべて強制削除された。

結局、中国中央テレビのホームページ上では、毎日テーマを変えて放映している『焦点訪談』が、17日と18日だけ放映されなかったことにされてしまった。まるで「神隠し」に遭ったかのようだった。

それだけではない。党中央宣伝部と新聞出版広電総局は、中国全土のメディアに、直ちにこの証言を否定する報道をするよう指令を出した。そのため、元の番組がなかったことになっているというのに、その内容を否定する記事だけが大量発生するという奇妙な事態が起きたのだった。中国中央テレビのエースと言われていた郎永淳《ろうえいじゅん》キャスターは、辞表を叩きつけて辞めてしまった。

中国で5億人以上が使用している「微信《ウエイシン》」には、「政府はインターネットを消すヒマがあれば、現場の火を消せ！」といった批判の書き込みが相次いだ。だがこうした書き込みも、20分くらいすると削除されてしまった。公安部は、8月末までにデマゴーグをネット上で流した197人を逮捕したと発表した。

そんな中、李克強首相が現場を視察した8月16日、前出の天津のジャーナリストが、皮肉を込めたメッセージをくれた。

「事故から4日目に、ついに李克強首相がお出ましになられたことで、われわれ天津市民はようやく安堵した。

天津は北京の外港で、その距離はわずか130kmしかなく、車を飛ばせば1時間半で来られる。前任の温家宝首相なら、事故の翌朝に駆けつけてくれたに違いない。それは、天津が彼の故郷であるからというより、とても温情深い総理だったからだ。

それでは李克強首相は、なぜ天津入りまで4日もかかったのか。察するに、毒ガスに汚染された現場の空気を吸いたくなかったからだろう。習近平主席がいつまで経っても来ないのは、暗殺を恐れているからだ。ともあれ、李克強首相がついに現れたことで、われわれは『天津の空気はもう大丈夫なのだ』と、ホッと胸を撫で下ろしたというわけだ」

この爆発事故は、天津に進出している日系企業をも直撃した。爆心地から2kmのイオンモールは大きな被害を受け、事故から1ヵ月以上経った9月20日に、ようやく一部営業を再開できた。

また、天津浜海新区と言えば、2002年に中国に初進出したトヨタが巨大工場を稼働させた場所として知られる。私も工場見学に行ったことがあるが、5000人以上の労働者が働く組み立て工場は壮観だ。周囲には、トヨタ系の下請け会社も集中して工場を建てている。

そんなトヨタも、4700台もの車がペシャンコになり、2週間の工場稼働停止を余儀なくされた。1台200万円としてざっと94億円。さらに工場停止の分まで含めると、トヨタの経済的損失は計り知れない。

域内GDP17・5兆円の経済特区が大損害

この天津の爆発事故は、中国経済のリスクを、まざまざと見せつける格好となった。習近平政権のキャッチフレーズである「中国の夢」は、一歩誤ると容易に「中国の悪夢」に変わるということだ。

第2章で述べたように、中国は「社会主義市場経済」という、世界のどこにもない統治システムを貫いている。これは、政治は社会主義だが、経済は市場経済というシステムだ。だが、社会主義と市場経済は、そもそもが相矛盾した概念なので、無数の摩擦が生じる。

「2代皇帝」の鄧小平は、社会主義と市場経済の矛盾を解消する方法として、「経済特区」というモデルを創出した。「経済的に特別な区域」を作って、その内部においては、中国の社会主義システムを極力排除し、資本主義的なシステムに近づける。それによって、社会主義システムに邪魔されることなく、市場経済を発展させていこうとしたのだ。

この経済特区の第1号が、1980年、香港に隣接する深圳《しんせん》に作った「深圳経済特区」だ。人口3万人の辺鄙《へんぴ》な漁村に、「もう一つの香港を作る」とした鄧小平のこの試みは、当時の保守的な中国共産党の長老たちからは悪評紛々《ふんぷん》で、国外からは失笑を買った。だがその後、深圳は大発展を遂げ、21世紀に入ると、香港を超える経済都市に成長した。

この「経済特区の精神」を鄧小平から引き継いだのが、1989年の天安門事件の直後に、上海市党委書記から3段跳びで共産党トップに抜擢された「3

代皇帝」の江沢民である。

江沢民は1992年、自らの地盤である上海に「浦東《ほとう》経済特区」を作った。上海証券取引所を中心として、ニューヨークのような摩天楼の金融都市を作り上げたのだった。

続いて2002年に共産党トップに立った「4代皇帝」の胡錦濤は、東北振興政策を打ち出した。その一環として、天津が故郷の温家宝首相と二人三脚で、天津浜海新区を、深圳、浦東に続く第三の国家級経済特区にすることを決めた。そして、1984年に鄧小平の命令で始めた天津経済技術開発区を、2005年から2006年にかけて大々的な経済特区に変えたのである。

浜海新区はアメリカのモトローラ、日本のトヨタ、韓国のサムスン、EU（ヨーロッパ連合）のエアバスが牽引役となった。深圳経済特区が単純な製造業中心だったのに対し、浜海新区は最先端技術を持った企業を優先的に誘致した。東京にもわざわざ四谷に、日本企業誘致のための事務所を設立したほどだ。私は所長にインタビューしたことがあるが、非常に豪華なオフィスだった。

浜海新区は、2200万人が暮らす首都・北京まで目と鼻の先で、おまけに海路で日本や韓国にも近かった。その結果、この10年で驚異的な発展を遂げた。浜海新区の2014年の域内GDPは、8760億元（約17兆5000億円）にも達している。

だが、胡錦濤時代の中国経済発展の象徴とも言える浜海新区が大爆発し、一夜にして崩壊してしまった。重ねて言うが、この総面積2270㎢にも上る巨大な経済特区の損失は計り知れない。この特区内に住む263万人の被害も甚大で、立ち直るのに数年は要するだろう。

現代中国の特高＝党中央紀律検査委員会

だが、事故から2ヵ月近く経った10月初旬になっても、中国当局は事故の真相について隠蔽《いんぺい》したままだ。

事件後すぐに、国営新華社通信は、この爆発事故を起こした倉庫を管理する瑞海国際物流公司の幹部10人を、天津の公安（警察）当局が拘束して取り調べを始めたと報じた。これだけの大事故を起こしたのだから当然だろう。

だがもう一つ、興味深い動きがあった。中国共産党中央紀律検査委員会が、事故から6日が経過した8月18日、国家安全生産監督管理総局の楊棟梁《ようとうりょう》局長を拘束したと発表したのである。

中国共産党中央紀律検査委員会、略称「中紀委《チョンジーウェイ》」という組織を、中国人の誰もが知るようになったのは、2012年の暮れ頃からである。同年11月に中国共産党トップに立ち、「5代皇帝」を襲名した習近平は、翌12月に「八項規定」と呼ばれる贅沢禁止令を発した。

そして「トラもハエも同時に叩く」というキャッチフレーズのもと、大規模な腐敗分子の摘発に乗り出したのだった。トラとは大幹部を、ハエとは小役人をそれぞれ指している。

その摘発を行う「特高警察」が、「中紀委」だった。国家機関ではなく、中国共産党の一組織が「特高警察」に成り替わってしまうところが中国らしい。

「中紀委」の書記には、習近平総書記と青年時代から交友のあった王岐山《おうきざん》・党常務委員（共産党序列6位）が就いた。以後、「中紀委」は、「腐敗分子摘発」の大義名分のもと、主に江沢民派の幹部を次々に粛清していくことになる。

２０１４年に「中紀委」のホームページで公表された幹部の「落馬《ルオマー》」（失脚）は６９６人にも上った。一日平均で２人近い幹部が失脚している計算だ。そのうち省部級以上の大物幹部も、41人に達する。２０１５年（1月～7月）は、省部級以上の大物幹部の失脚こそ２人だが、全国で１万３９３９人もの官僚や国有企業幹部らが処分されている。

そのため、いつしか中国では「午後6時の恐怖」という言葉が広まった。午後6時過ぎに、「中紀委」がホームページで「本日の落馬者」を発表するケースが多かったからだ。

私もすっかり、毎日午後6時になると「中紀委」のホームページを開いて、「その日の落馬者」をチェックするという習慣がついた。

現地視察のわずか2日後に失脚した元副市長

8月18日、私は「中紀委」のホームページで見て仰天した。

〈国家安全生産監督管理総局局長、党委員会書記の楊棟梁に対し、厳重な紀律

違反と法律違反の嫌疑で、組織的な調査を始めた〉

この通知は午後6時ではなくて、午後3時20分に出されていた。

私が仰天したのは、現役の大臣クラスが捕まるのは、ちょうど2年前に国有資産監督管理委員会主任だった蔣潔敏《しょうけつびん》（元中国石油グループ会長）以来だったということも、もちろんある。蔣潔敏は江沢民派の大物で、周永康・前党常務委員を通じ、長年にわたって石油利権を江沢民派に捧げ続けた。

だがそれより何より、楊棟梁局長はその2日前の8月16日、李克強首相に同行して、天津視察に訪れたばかりだったからだ。中国中央テレビのニュースで、李首相のすぐ後ろについて視察する楊局長の姿を見た時、「彼は天津人だからな」と納得したものだ。

楊局長の姿には、見覚えがあった。2010年9月に天津で開かれたある立食パーティで、私は楊氏と会ったことがある。当時は天津市の副市長だった。

私はこれまで中国で、様々な幹部を見てきたが、彼らは主に2通りに分類できる。一つは中国語で「精英《ジンイン》」と呼ぶ、いわゆる知的エリートである。流暢な英語を話し、世界情勢に通暁していて、高級スーツに身を包んでスマートな出で立ちだ。「官二代《グァンアールタイ》」と呼ばれる高級幹部の子弟に、このタイプが多い。

もう一つは、中国語で「草根《ツァオゲン》」と呼ばれるタイプだ。こちらは学歴も親のコネもなく、まさに貧しい田舎から裸一貫でのし上がってきた幹部だ。「草根」に共通するのは、服装や髪型に無頓着で、顔に緊張感が漲《みなぎ》っていること、かつ随行の部下たちも常に緊張していることだ。

楊棟梁は、まさに「草根」のタイプだった。１９５４年、河北省青県生まれで、18歳で地元の大港油田に就職した。一工場労働者として、石油業界で一歩一歩のし上がっていった。

１９９４年に天津市聯合化学有限公司の副社長になり、天津に進出。２００１年には天津市副市長に就任した。２００４年からは、天津市の土地開発利権を握る市国有資産監督管理委員会主任も兼ねた。天津市副市長を11年務めた後、２０１２年5月に、国家安全生産監督管理総局長として北京に赴任した。

そんな楊棟梁局長の突然の失脚を、どう見るべきか？

表向きは、楊局長には拘束される理由がある。国家安全生産監督管理総局長として、重大事故を防ぐ責任者の立場にありながら防げなかったからである。

だが、楊局長は北京にいて、日本の25倍もある中国全土の生産現場を管理監督しているのだ。中国では、毎日どこかの生産現場で、大小様々な事故が発生している。管理監督不行き届きで引っ捕らえられるというなら、このポストに就いた人物は、誰もが監獄に直結していることになる。

習近平が本当に逮捕したかった大物とは

あまりの大事故に天津市民が騒ぐので、幹部の「替罪羊《ティツイヤン》」（生《い》け贄《にえ》）が必要だったという見方もできる。だがそれならば、かつて浙江《せっこう》省で習近平浙江省党委書記の部下だった黄興国《こうきょうこく》・天津市党委書記代理以下、天津市の幹部たちが真っ先に拘束されて然るべきだ。だが楊局長の前に拘束されたのは、爆発した倉庫を管理していた瑞海国際物流公司の社員だけだった。

大臣級の拘束は、当然ながら習近平主席の許諾がなければ不可能だ。というより、習近平主席の「指令」によるものだ。この手際の良さを見るに、前々から楊局長の拘束を準備していたところへ、たまたまこの天津の爆発事故が起きた。そのため、一気呵成に捕らえてしまったのではなかろうか。

つまり、結論は一つだ。習近平主席が楊棟梁局長の拘束を命じたのは、ひとえに楊局長が、江沢民派の大物である張高麗《ちょうこうれい》・党常務委員兼筆頭副首相（共産党序列7位）に直結した人物だからである。あくまでも「本命の獲物」は張高麗であって、楊棟梁の拘束はそのための手段に過ぎなかったのだ。

張高麗党常務委員は、２０１２年11月の第18回中国共産党大会で常務委員に抜擢されるまで、５年間にわたって天津市党委書記（市トップ）を務めてきた。そして、その忠実な僕《しもべ》として仕えてきたのが、楊棟梁局長だったのだ。

楊棟梁と同様、張高麗もまた、石油閥出身である。１９４６年福建省晋江《しんこう》生まれだが、厦門《アモイ》大学を卒業後、石油部の広東省支部に就職した。以後、石油官僚として、32年間を広東省で過ごした。そして広東省党委副書記兼深圳市党委書記を最後に、２００１年に山東省に党委副書記として転身。２００３年から２００７年まで山東省党委書記、２００７年から２０１２年11月まで、天津市党委書記を務めた。

ニックネームは、「ロボット官僚」。そんな張高麗が、ここまで大出世を遂げたのは、ひとえに江沢民元主席と曽慶紅《そけいこう》元副主席の忠実な僕として、広東省利権をこの2人にせっせと捧げてきたからに他ならない。その結果、第18回中国共産党大会で、7人の党中央政治局常務委員、通称「トップ7」の最後の一枠に、江沢民が強引に張高麗を押し込んだというわけだ。

政権に都合のいいことばかりネットで吹聴する「五毛党」

実際、楊局長の拘束が、張高麗党常務委員を失脚させる前段階だとする説を裏づけるような出来事が、同時期に二つ起こった。

一つは、「不思議な天津市民」の出現だ。

天津の爆発関連ニュースのテレビ映像を見ていると、天津市民たちが、市政府庁舎などに詰めかけていた。彼らは、行方不明者の捜索や、爆発による被害の補償などを求めて、シュプレヒコールを上げていた。そんな市民たちの中に、次のように叫んでいる人たちを見つけて、私は驚いてしまった。

「張高麗を打倒せよ！」

「張高麗こそ殺人者だ！」

中国で共産党の現役「トップ7」と言えば、「神聖にして侵すべからざる」存在である。そのため、白昼堂々と「打倒せよ」とか「殺人者」などと叫ぶこと自体、かなり勇気がいることだ。

だが、彼らが直ちにひっ捕らえられた様子はなかった。映像を見るかぎり、むしろ逆で、自由に叫ばせているようなのだ。

もう一つは、中国のインターネットの動向である。この時期、ネット上で、張高麗党常務委員が、「張高利」という蔑称で、ヤリ玉に挙がったのだ。「高麗」と「高利」は、中国語では「ガオリー」という同音同声の発音なので、さも「高利貸し」のような腐敗政治家を想起させる蔑称で呼んでいたのである。

たとえば、次のような調子だ。

「張高利が捜査を受けたぞ」

「張高利は、国と民に災いをもたらして財を成した典型だ。死んでしまえ！」

「張高利を捜査する大人《たいじん》の習近平主席を支持しよう！」

このような書き込みが、ネット上に散見されるようになったのだ。天津の街頭と同様、本来なら「トップ7」をここまで侮辱する書き込みをすれば、直ちに削除される。そして書き込んだ人間を特定して、公安がスッ飛んで来るはずである。それがここまで野放しにされているということは、むしろ習近平執行部が「奨励」しているからだと見るべきだろう。

ちなみに、ネット上にこうした書き込みをしているのは、俗に「五毛党《ごもうとう》」と呼ばれる人々である。習近平政権が望むことをネット上に1回書き込むごとに、中国共産党から5毛（約10円）もらえると言われることから（真偽のほどは不明）、そう呼ばれているのだ。この「制度」が、習近平政権最大の失業者対策になっているという説まであるくらいだ。

恩人・江沢民に全面戦争を仕掛けた習近平

それでは習近平主席は、なぜそこまでして、共産党中央政治局常務委員会の一員である序列7位の張高麗党常務委員を追い詰めるのか。

それには、習近平 vs.江沢民の権力闘争について、理解しておく必要がある。

そもそも習近平が、２０１２年11月の第18回中国共産党大会で、国を指導する８７７９万人（２０１４年末現在）の共産党員のトップに立てたのは、江沢民元主席と、その最側近の曽慶紅元副主席が推薦してくれたおかげだった。その意味では、習近平主席にとって江沢民元主席は、最大の恩人のはずだ。

胡錦濤時代に入った２００２年以降の中国では、「上海閥《シャンハイばつ》」と呼ばれる江沢民派と、「団派《だんぱ》」（共産党の青年団体である中国共産主義青年団出身者）と呼ばれる胡錦濤派が、激しい権力闘争を繰り広げてきた。江沢民派が推す次世代の「皇帝候補」は胡錦濤派が潰し、胡錦濤派が推す候補は江沢民派が潰すということが、10年近くも続いてきた。

そんな中、２００７年になって江沢民派が推してきた「第4候補」が、習近平だった。これに対し胡錦濤主席は、自派のホープである李克強を、ナンバー2の国務院総理（首相）に就けるという条件で、習近平を自らの後継者にすることに、ひとまず同意したのである。「ひとまず」というのは、その後も２０１２年まで、胡錦濤はたびたび習近平の追い落としを仕掛けたからだ。

そのような事情もあって、習近平は第18回中国共産党大会で、晴れて共産党トップの党中央委員会総書記に就任したものの、江沢民派と胡錦濤派の2大派閥に挟まれて、身動きが取れない状況だった。

習近平にも一応、「太子党《たいしとう》」（革命元老の子弟グループ）という「派閥」があるが、「上海閥」や「団派」に較べると、極めて脆弱なグループだった。「太子党」の面々は、「我が一族こそが中国共産党の本流である」と自負しているため、まとまりが悪いのである。

現在の習近平指導部を形作る「トップ7」（党中央政治局常務委員）の顔ぶれを見ると、トップの習近平総書記が、いかに針のムシロであるかが分かる。序列2位の李克強が胡錦濤派。3位の張徳江、5位の劉雲山、7位の張高麗が江沢民派だからだ。4位の兪正声も半分は江沢民派である。つまり習近平にとって信用できるのは、青年時代からの知己である序列6位の王岐山しかいなかったのだ。

換言すれば、政権に就いた当初から、早くも「傀儡皇帝《かいらいこうてい》」で、レイムダック同様だった。

そこで習近平新総書記は、大きな「賭け」に出た。唯一信頼できる王岐山を、党中央紀律検査委員会書記に指名し、王と二人三脚で、江沢民派に対する全面闘争を仕掛けたのである。その際、あくまでも表向きは、「腐敗撲滅」という大義名分を掲げた。中国の腐敗撲滅運動は、一皮むけば権力闘争なのだ。

それでは、なぜ胡錦濤派ではなく江沢民派との闘争を開始したのか。簡単に言えば、江沢民派の方がより多くの利権を手にしていたことと、その割に人数が少なく、かつ老齢化が進んでいたからである。つまりは、「叩きやすかった」のである。

江沢民は、自分を「皇帝」にしてくれた恩人だったが、そこは「感情のない政治家」と言われる習近平だけに、「恩将仇報《エンジアンチョウバオ》」（恩を仇《あだ》で返す）も、まったく意に介さなかった。

人民解放軍の長老たちも次々と血祭りに

習近平と王岐山はまず、「『江沢民の金庫番』こと周永康・前常務委員（2012年まで共産党序列9位）の拘束」を、2013年の目標に据えた。党常務委員経験者の拘束は中国共産党史上、前例がないことを思えば、これはまさに習近平の賭けと言えた。

２０１２年の年末から、習近平と王岐山は、「周永康の３大利権」と言われた四川省利権、石油利権、及び公安法曹利権の摘発に順に乗り出し、１年間で６００人以上を拘束した。そして２０１３年12月１日に、ついに周永康本人を拘束するにいたった。周永康一族は、日本円で１兆９０００億円もの不正蓄財を行っていたと中国の官製メディアは報じた。その結果、２０１５年６月11日に、無期懲役刑に処して監獄にブチこむことに成功した。

周永康摘発で勢いを得た習近平・王岐山は、２０１４年に入ると、２３０万の人民解放軍内部の江沢民派の摘発に乗り出した。ターゲットにしたのは、軍における江沢民派の「２大巨頭」である徐才厚《じょさいこう》（前中央軍事委員会副主席）と、郭伯雄《かくはくゆう》（同）だった。

徐才厚は、２０１４年３月に拘束されて軍事裁判にかけられたが、２０１５年３月15日に膀胱がんで死去した。不正蓄財は、日本円で約２兆円とされる。続いて、２０１５年４月９日に、郭伯雄を拘束。軍事裁判が始まったが、不正蓄財は日本円で4兆円を超えると言われる。

もちろん、徐才厚と郭伯雄の両巨頭だけでなく、その下に連なっていた江沢民派の軍高官たちをも、一網打尽にしつつあった。

こうして中国共産党と人民解放軍という、中国の2大組織で壊滅的打撃を受けた江沢民派は、すっかり追い詰められた。この先、江沢民派ナンバー2の曽慶紅元副主席が狙い打ちにされるのは目に見えていた。そして曽慶紅一族が拘束された時が事実上、江沢民派が滅亡する時だった。

すでに述べたとおり、今後のキーパーソンは、曽慶紅が長年牛耳ってきた石油閥の中で、周永康と並ぶ江沢民派の両巨頭の一人である張高麗だ。江沢民と曽慶紅は、石油閥を任せていた周永康が2012年11月に政界を引退するにあたって、その利権を自派で引き継ぐため、張高麗を「トップ7」の最後（共産党序列7位）にゴリ押しした。

これは習近平・王岐山の側から見れば、張高麗を失脚させることは、曽慶紅拘束へ向けて大きく前進することを意味した。一方の江沢民・曽慶紅からすれば、張高麗の防衛に全力を尽くすとともに、習近平に対して一矢《いっし》報いようとしていた――これが、2015年の春から夏にかけての「中南海《ちゅうなんかい》」（北京中心部にある最高幹部の職住地）の権力闘争の構図だった。習近平vs.江沢民の3年近くに及んだ仁義なき権力闘争は、いよいよ最終段階を迎えつつあった。

「株価暴落＝江沢民派の謀略説」の真偽

第1章で見てきたとおり、6月15日の習近平主席の誕生日を狙い打ちにしたかのように株価暴落が始まった時、「江沢民派が習近平暴落を仕掛けた」との噂が、北京で広まった。私の知人の習近平派のある著名コラムニストは、次のように憤慨していた。

「私が得た情報によれば、3月に、江沢民の長男・江錦恒《こうきんこう》を中心とするグループが、密かにアメリカのヘッジファンドと結託して、300億元（約6000億円）を雲南省経由で国内に持ち込み、投資によって株価を散々吊り上げた後、6月初旬までに売り抜いた。これによって、中国株は底が抜けてしまったのだ。だから『習近平暴落』ではなく、『江沢民暴落』と呼ぶのが真相だ」

このコラムニストによれば、7月下旬に起こった2度目の株価大暴落も「非常に怪しい」という。

「実際の何倍もの投資ができる信用取引（レバレッジ）に関して、『信用取引が今後禁止され、その資金も凍結される』と、江沢民派の連中が触れ回ったのだ。その噂が突然、ネットやSNSを通じて全国に飛び交ったことで、信用取引に手を染めていた1億人近い『股民』たちが一斉に、損を覚悟で解約に走った。それが『7・27暴落』の真の原因だ」

どちらも、にわかには信じがたい話だ。だが、このコラムニストは「江沢民派には、いくつもの前科がある」と証言する。

「2012年8月の北戴河会議で、その年の秋の第18回共産党大会で正式に決議する『トップ7』人事を巡り、江沢民派と胡錦濤派がガチンコで対決し、決着がつかなかった。すると江沢民派は、配下の周永康が牛耳っていた公安部隊を駆使して、全国で若者たちが反日運動を展開するように仕向けた。そうやって『胡錦濤政権は親日政権』というレッテルを貼り、追い落とすことに成功したのだ。

翌2013年秋には、習近平主席が、5年間の方針を決める共産党の重要会議『3中全会』(中国共産党第18期中央委員会第3回全体会議)で求心力を得て、周永康を拘束する手はずを整えていた。すると『3中全会』と周永康拘束を阻止するかのように、ウイグル族による天安門自動車爆破事件が発生した。この時も、事件を捜査していく過程で、ウイグル族の過激派グループが、国内のどこからか潤沢な資金を提供されていた事実が発覚し、江沢民派の『黒幕説』が囁《ささや》かれた。

さらに2014年秋には、共産党の重要会議『4中全会』(中国共産党第18期中央委員会第4回全体会議)と北京APEC(アジア太平洋経済協力会議)の直前に、香港で突如、民主化運動が勃発した。その時も、学生たちの活動資金が大変潤沢だったため、香港に地盤がある江沢民派の『黒幕説』を、習近平政権が調査した。実際、『4中全会』と北京APECが終わったとたんに、学生運動はピタリと沈静化してしまったではないか」

そして2015年8月、再び北戴河《ほくたいが》会議の前に、まるで習近平政権に冷や水を浴びせるかのような中国株の大暴落が始まったというわけだ。

いずれも根拠のある話ではないものの、中南海の権力闘争が、中国経済に大きな損失を与えていることは間違いないだろう。

運命の決戦場――北戴河会議

北戴河会議とは、8月上旬に1週間程度、河北省北戴河で開く、中国共産党の非公式重要会議のことだ。

北戴河は、山と海に囲まれて風光明媚なことから、20世紀前半にイギリス人が、夏の避暑地として開拓した。１９４９年に新中国が成立すると、水泳が趣味だった毛沢東は、北戴河の別荘群を接収して、夏の間過ごした。すると、中南海の最高幹部たちもこぞって北戴河で過ごすようになり、そこで重要方針や重要人事を決めるようになった。

鄧小平と胡錦濤が一時期、この習慣をやめようとしたが、いずれも再び復活している。北戴河会議の特徴は、中国共産党の最高意思決定機関である党中央政治局常務委員（トップ7）に加えて、長老（過去の常務委員経験者）たちにも同等の発言権があることだ。そのため長老たちが、隠然たる権力を振るう場となってきた。

2015年の北戴河会議は、それまで3年近く続いてきた習近平執行部と江沢民一派との権力闘争の「決戦の場」になる予定だった。

まず習近平執行部は、多くのことを長老たちに承諾させようとしていた。第一に、反腐敗運動は、これからも一切のタブーなく行うということだ。

これは、江沢民派筆頭の曽慶紅元副主席及びその一族、江沢民元主席の長男・江錦恒らを、これから調査の対象にしていくという宣言に他ならなかった。江沢民派を殲滅《せんめつ》させた後は、もう一つの巨大派閥である胡錦濤派に照準を定めてくることは明白だった。

執行部は他にも、北京、上海、天津の中央直轄都市のトップ人事を一新しようとしていた。北京市の郭金竜《かくきんりゅう》党委書記（北京市トップ）は、胡錦濤前主席の子飼いである。また、上海市の韓正《かんせい》党委書記と楊雄《ようゆう》市長は、江沢民元総書記の子飼い。天津市は胡錦濤前主席に近い孫春蘭《そんしゅんらん》党委書記を、習近平主席が2014年末に追っ払った。だが彼女の後任を巡って、習近平・江沢民・胡錦濤の「3皇帝」が三つ巴の闘争を繰り広げており、決着がついていなかった。

そのため習近平主席は、まず一番手に負えない上海市のトップ2人を飛ばし、自分の一番の子飼いである栗戦書《りっせんしょ》・党中央弁公庁主任（官房長官に相当）を上海市党委書記兼任、応勇《おうゆう》・上海市党委副書記を臨時代理市長に昇格させようと企てていた。

次に、人民解放軍の「改革」である。軍に関しては、前述のように江沢民派の「2大巨頭」と言われた徐才厚・前中央軍事委員会副主席を2014年に失脚させた（2015年3月死去）。もう一人の郭伯雄・前中央軍事委員会副主席は、2015年4月9日に拘束して取り調べを開始し、北戴河会議に間に合わせるよう、7月30日に軍事検察院への移送を発表した。

この頃、私が北京で聞いたのは、習近平主席は、中央軍事委員会の副主席を、いまの2人体制から4人体制にする意向だということだ。名前が挙がっていたのは、張又侠《ちょうゆうきょう》総装備部長、劉源《りゅうげん》総後勤部政委、許其亮《きょきりょう》空軍上将、劉福《りゅうふく》連《れん》北京軍区政委で、いずれも習近平主席に近い上将（軍の最高階級）だ。国防部長（防衛相）には、劉亜洲《りゅうあしゅう》国防大学政委をあてる。

また、現在ある7つの軍管区も、東北、西北、東南、西南の4大軍管区に整備し直し、30万人を削減して200万人体制とする。そうして人民解放軍の人心及び利権の掌握を図りたい意向だった。

つまり習近平主席は、2015年の北戴河会議で、勝負を賭ける気でいたのである。

自分の意に沿わない幹部たちはすべて切り捨てる

ところが、江沢民派も同様に、北戴河会議に勝負を賭けていた。江沢民派が頼ったのは、周本順《しゅうほんじゅん》河北省党委書記だった。

周本順は、2003年から10年間にわたって、公安部で周永康前常務委員に仕えた、バリバリの江沢民派幹部である。周本順は、河北省党委書記という立場を使って、7月22日に同省の北戴河に乗り込んだ。そして、すでに北戴河に滞在している長老たちに、「習近平包囲網」の根回しを行ったのである。

習近平主席は、その過激な反腐敗運動から、江沢民派だけでなく、胡錦濤派やその他の長老たちからも評判が悪い。そこで江沢民元主席は、今年の北戴河会議で長老一同と組んで、一気呵成に「習近平包囲網」を築いてしまおうとしたのである。

この「消息」は、すぐに中南海に伝えられた。習近平主席の激昂した様子が、目に浮かぶようだ。

習近平主席と王岐山党中央紀律検査委員会書記は、直ちに周本順党委書記の解任と身柄拘束を決定。7月24日、中央紀律委監察部のホームページで、「重大な紀律法律違反により、周本順河北省党委書記の調査を開始した」と発表した。４日後の7月28日には、党中央組織部（人事部）が、周本順の解任を伝えたのだった。

習近平主席はこの頃、重大な決断をした。北戴河に党中央紀律検査委員会の要員を派遣して、周本順がどんな根回し活動を行ったかを調べると同時に、今年の北戴河会議の中止を決めたのである。その代わり、引き続き中南海から、権力闘争を仕掛けることにした。

習近平主席は7月30日、臨時の党中央政治局会議（トップ25）を招集。7月

20日にも定例の党中央政治局会議を開いているので、異例の事態と言えた。習近平主席はそこで、自らがグループ長となり、党中央統一戦線工作指導小グループを新たに設立すると発表。今後はその小グループで、中央の重大な政策決定や方針研究を行うとした。

なぜ習近平主席は、次々に「小グループ」を作るのか。それは前述のように、党中央政治局常務委員会が信用できないからに他ならない。「トップ7」で採決すれば、習近平原案は否決されてしまうリスクがある。そのため、重要事項は常務委員会議ではなく、「小グループ」で決めてしまおうという意図である。

この時の統一戦線指導小グループ設立の目的は、打倒江沢民一派に他ならなかった。現役の政治局員たちに、「江沢民ではなく自分について来るように」と「踏み絵」を踏ませたようなものだった。

長老に引退を迫った「人民日報」の強烈な社説

8月5日、官製メディアの『財経国家週刊』は、「待つ必要はない、北戴河に会議はない」と題した意味深な記事を流した。その記事は、毛沢東時代以降の北戴河会議の歴史を振り返った後で、次のように結んでいる。

〈つい先日の7月20日と30日、党中央政治局は2度も会議を開いた。そこで第13次5ヵ年計画や中国共産党第18期中央委員会第5回全体会議の方針を決め、経済対策を決め、「大トラ」（大物の腐敗分子）の退治を決めた。喫緊の重要事項はすべて話し終わっている。それをこれから数日、10日くらいのうちに、わざわざ北戴河まで移動して再度話すことに、何の意味があるのか？　必要があるのか？　そして可能なのか？〉

続いて8月10日、共産党中央機関紙『人民日報』が、決定的な社説を出した。タイトルは、「『人走茶涼《レンゾウチャリアン》』は、新たな政治の状態となるべきだ」。「人走茶涼」とは、「人が去れば残された茶は冷める」ということで、「その人が然《しか》るべき地位でなくなったら、周囲の者は去っていく」という意味に使われる。

〈「人走茶涼」という言葉は通常、否定的な意味で使われる。人情味のある交流も冷めてしまうということだ。だがよく考えれば、「人走茶涼」は自然な現象だ。熱い茶がいつまでも熱いわけはなく、自然に冷めていく。茶を啜《すす》っていた人が去ったあとに、湯をつぎ足す必要があるだろうか？

こと政治について考えてみれば、多くの元幹部たちが「はたして人走茶涼でいいのか」と言って権力の尻尾を手放さない。元の部署の政策決定に口出しして権力の「余熱」を発揮する。茶は自然に冷めるものなのに、それを再び加熱し、「人は去ったのに茶は依然として熱い」状態を作り、かつて保持していた権力の「アフターサービス」を得ようとする。

このたび倒された「大トラ」周永康は、四川省を離れた後も、直接間接に四川省を支配し、四川省の経済や政治に深刻な影響を与えた。「人が去れば茶は冷める」のは自然の法則であり、新たな政治の状態だ。幹部はその地位にいる時には責任をもって職務にあたるが、いったん退職したら、人工的に加熱する必要はないのだ。その職務を引き継いだ者が、社会を発展させていけばよいのである。

その意味で、「人が去れば茶は冷める」政治状態を確立していくべきだ〉

これほど強烈な『人民日報』の社説を、久しぶりに読んだ。翌日から、多くのメディアがこの社説を引用し、賛意を表明し始めた。もちろん習近平主席が、メディアを統轄する劉雲山常務委員を突き動かして、そうさせたのである。習近平主席は、「江沢民潰し」に本気になっているということだ。

「天津大爆発」も権力闘争の一環だったのか？

これに対して、江沢民一派はどう対抗するのか。「窮鼠《きゅうそ》猫を嚙むではないが、絶対にこのままでは済まない」というのが、8月に北京で聞いた政治通たちの見方だった。

そんな時、8月12日の深夜に、天津の浜海新区で大爆発事故が起こった。なぜこの時期に、天津で大事故が起こったのか？　この事故によって打撃を被るのは誰なのか？

ちなみに、事故現場周辺の利権を握っていたのは、張高麗党常務委員と、その側近である楊棟梁国家安全生産監督管理総局長だった。この2人の「指示」があれば「何でもできた」だろう。

この時、習近平主席は、9月3日に北京で挙行される「抗日戦争戦勝70周年記念軍事パレード」の準備に追われていた。この軍事パレードは習近平主席にとって、2015年最大のビッグイベントだった。

事故の起きた翌日の8月13日から15日まで、北京では軍事パレードの予行演習が予定されていた。そのため12日には、天津の人民解放軍、武装警察、公安部、国家安全部などの要員は、ほとんどすべて北京に移動しており、天津はいわば「もぬけの殻」となっていた。

また習近平主席は、北京市、天津市、河北省の経済一体化を進めようとしていた。その一環として、習近平主席の肝煎りで天津市は2015年4月に、上海市に続く自由貿易試験区に指定された。つまり、今後習近平政権の要となる経済都市が、決定的な打撃を受けたのである。これは単なる偶然だろうか?

前出の中国の著名コラムニストに聞くと、案の定、再び陰謀説に言及した。

「天津の事故は当然、江沢民一派による爆破事件と見るべきだ。江沢民と曽慶紅の意を受けて、張高麗が手を下した可能性がある。なぜなら追い詰められた江沢民一派は、そうやって中国経済を混乱させていくしか、自分たちが生き残る道はないからだ。権力闘争のためなら、経済なんかいくらだって混乱させる。誇張でも何でもない。それが毛沢東以来の中国共産党の伝統なのだ」

この証言を聞いて思い出したのは、中国最大の国有企業で、「フォーチュン2014年世界企業ランキング」で4位につけている中国石油天然ガスグループの例である。習近平主席は江沢民派の石油利権を壊滅させるため、2013年8月末から9月上旬にかけて同社のトップ4人と、蔣潔敏前会長を拘束した。それによって従業員58万人の巨大企業がガタガタになってしまったのだ。

同社はいまだに立ち直れず、『証券日報』（2015年9月9日付）によれば、同社の負債総額は1兆622億元（約21兆2000億円）に上り、上場企業2780社中、最悪だという。習近平主席が血眼になっている権力闘争のために、中国経済は疲弊していっているのである。

それでも習近平主席は、日々権力闘争に明け暮れている。9月3日には自らの権力を誇示するため、史上最大規模の軍事パレードを挙行した。香港『リンゴ日報』（9月4日付）の試算によれば、費用は215億元（約4300億円）に上ったという。

２００９年の建国60周年の軍事パレードの費用は６億元と推定されており、「習近平の夢」の実現に、その35倍もの費用をかけたことになる。

北京市内の１９２７もの工場を１ヵ月間、稼働停止にし、王府井・前門・大柵欄・西単・東単の５大繁華街の営業を２日間ストップさせ、長安街沿いの10km以上にわたるオフィスビル、ホテル、マンションなどの住人や関係者を１週間、追い出した。これらの経済損失も、計り知れないものがある。

いずれにしても、国民や幹部に日々、節約を強いている習近平主席だが、一番高くかかっている費用が、習近平主席の「権力維持費」であることは間違いない。

２０１７年秋の第19回中国共産党大会へ向けて、権力闘争はこれからますますヒートアップしていく。その意味でも、「習近平不況」はこの先、さらに深刻化していくと見るべきなのである。

近藤大介

1965年埼玉県生まれ。東京大学卒業後、「フライデー」「週刊現代」「月刊現代」などで記者・編集者を務める。2009年から2012年まで講談社(北京)文化有限公司副社長。現在「週刊現代」編集次長、明治大学講師(東アジア論)。中国を中心とした東アジア問題の研究をライフワークとする。著書には、『日中「再」逆転』『習近平は必ず金正恩を殺す』『対中戦略』(以上、講談社)、『深紅の華』(廣済堂出版)、『中国人の常識は世界の非常識』(ベスト新書)、『「中国模式」の衝撃』(平凡社新書)などがある。現在ウェブメディア「現代ビジネス」で「北京のランダムウォーカー」を連載中。

講談社+α《プラスアルファ》新書 711-1 C

中国《ちゅうごく》経済《けいざい》「1100兆円《ちょうえん》破綻《はたん》」の衝撃《しょうげき》

近藤《こんどう》大介《だいすけ》 ©Daisuke Kondo 2015

2015年10月20日第1刷発行
2016年 2 月 2 日第7刷発行

発行者――――― **鈴木 哲**

発行所――――― **株式会社 講談社**
東京都文京区音羽2-12-21 〒112-8001
電話 編集(03)5395-3522
販売(03)5395-4415
業務(03)5395-3615

写真――――― **時事通信フォト**

デザイン――――― **鈴木成一デザイン室**

カバー印刷――――― **共同印刷株式会社**

印刷――――― **慶昌堂印刷株式会社**

製本――――― **牧製本印刷株式会社**

本文データ制作―― **朝日メディアインターナショナル株式会社**

定価はカバーに表示してあります。

落丁本・乱丁本は購入書店名を明記のうえ、小社業務あてにお送りください。

送料は小社負担にてお取り替えします。

なお、この本の内容についてのお問い合わせは第一事業局企画部「+α新書」あてにお願いいたします。

本書のコピー、スキャン、デジタル化等の無断複製は著作権法上での例外を除き禁じられています。本書を代行業者等の第三者に依頼してスキャンやデジタル化することは、たとえ個人や家庭内の利用でも著作権法違反です。

Printed in Japan
ISBN978-4-06-272918-5

講談社+α新書

マネる技術	コロッケ	あの超絶ステージはいかにして生み出されるのか。その模倣と創造の技術を初めて明かす一冊	840円 652-1 C
嫁ハンをいたわってやりたい ダンナのための妊娠出産読本	荻田和秀	つわり、予定日、陣痛……わからないことだらけの妊婦の実情。夫が知るべき本当のところ！	760円 653-1 B
会社が正論すぎて、働きたくなくなる 心折れた会社と一緒に潰れるな	細井智彦	社員のヤル気をなくす正論が日本企業に蔓延！転職トップエージェントがタフな働き方を伝授	840円 653-1 C
母と子は必ず、わかり合える 遠距離介護5年間の真実	舛添要一	「世界最高福祉都市」を目指す原点…母の介護で嘗めた辛酸…母子最後の日々から考える幸福	880円 654-1 C
毒蝮流！ ことばで介護	毒蝮三太夫	「おいババア、生きてるか」毒舌を吐きながらも喜ばれる、マムシ流高齢者との触れ合い術	840円 655-1 A
ジパングの海 資源大国ニッポンへの道	横瀬久芳	日本の海の広さは世界6位――その海底に約200兆円もの鉱物資源が埋蔵されている可能性が!?	880円 656-1 C
「骨ストレッチ」ランニング 心地よく速く走る骨の使い方	松村卓	骨を正しく使うと筋肉は勝手にパワーを発揮!!誰でも高橋尚子や桐生祥秀になれる秘密の全て	840円 657-1 B
「うちの新人」を最速で「一人前」にする技術 美容業界の人材育成に学ぶ	野嶋朗	へこむ、拗ねる、すぐ辞める「ゆとり世代」をいかに即戦力に!? お嘆きの部課長、先輩社員必読！	840円 658-1 C
40代からの 退化させない肉体 進化する精神	山﨑武司	努力したから必ず成功するわけではない――高齢スラッガーがはじめて明かす心と体と思考！	840円 659-1 B
ツイッターとフェイスブック そしてホリエモンの時代は終わった	梅崎健理	流行語大賞「なう」受賞者―コンピュータは街の中で「紙」になる、ニューアナログの時代に	840円 660-1 C
医療詐欺 「先端医療」と「新薬」は、まず疑うのが正しい	上昌広	先端医療の捏造、新薬をめぐる不正と腐敗。崩壊寸前の日本の医療を救う、覚悟の内部告発！	840円 661-1 B

表示価格はすべて本体価格（税別）です。本体価格は変更することがあります

講談社＋α新書

長生きは「唾液」で決まる！
「口《くち》」ストレッチで全身が健康になる
植田耕一郎
歯から健康は作られ、口から健康は崩れる。その要となるのは、なんと「唾液《つば》」だった!?
800円 662-1 B

マッサン流「大人酒の目利き」
「日本ウイスキーの父」竹鶴政孝に学ぶ11の流儀
野田浩史
朝ドラのモデルになり、「日本人魂」で酒の流儀を磨きあげた男の一生を名バーテンダーが解説
840円 663-1 D

63歳で健康な人は、なぜ100歳まで元気なのか
人生に4回ある「新厄年」のサイエンス
板倉弘重
75万人のデータが証明!! 4つの「新厄年」に人生と寿命が決まる！ 120歳まで寿命は延びる
880円 664-1 B

預金バカ 賢い人は銀行預金をやめている
中野晴啓
低コスト、積み立て、国際分散、長期投資で年金不信時代に安心を作ると話題の社長が教示!!
840円 665-1 C

万病を予防する「いいふくらはぎ」の作り方
大内晃一
揉むだけじゃダメ！ 身体の内と外から血流・気の流れを改善し健康になる決定版メソッド!!
800円 666-1 B

なぜ世界でいま、「ハゲ」がクールなのか
福本容子
カリスマCEOから政治家、スターまで、今や皆ボウズファッション。新ムーブメントに迫る
840円 667-1 A

2020年日本から米軍はいなくなる
飯柴智亮
聞き手・小峯隆生
米軍は中国軍の戦力を冷静に分析し、冷酷に撤退する。それこそが米軍のものの考え方
800円 668-1 C

テレビに映る北朝鮮の98%は嘘である よど号ハイジャック犯と見た真実の裏側
椎野礼仁
よど号ハイジャック犯と共に5回取材した平壌…煌やかに変貌した街のテレビに映らない嘘!?
840円 669-1 C

50歳を超えたらもう年をとらない46の法則 「新しい大人」という50+《フィフティプラス》世代はビジネスの宝庫
阪本節郎
「オジサン」と呼びかけられても、自分のこととは気づかないシニアが急増のワケに迫る！
880円 670-1 D

常識はずれの増客術
中村元
資金がない、売りがない、場所が悪い……崖っぷちの水族館を、集客15倍増にした成功の秘訣
840円 671-1 C

イギリス人アナリスト日本の国宝を守る 雇用400万人、GDP8パーセント成長への提言
デービッド・アトキンソン
日本再生へ、青い目の裏千家が四百万人の雇用創出と二兆九千億円の経済効果を発掘する！
840円 672-1 C

表示価格はすべて本体価格（税別）です。本体価格は変更することがあります

講談社+α新書

イギリス人アナリストだから わかった日本の「強み」「弱み」
デービッド・アトキンソン
日本が誇るべきは「おもてなし」より「やわらか頭」！ はじめて読む本当に日本のためになる本!!
840円 672-2 C

三浦雄一郎の肉体と心 80歳でエベレストに登る7つの秘密
大城和恵
日本初の国際山岳医が徹底解剖!! 普段はメタボ…「年寄りの半日仕事」で夢を実現する方法!!
840円 673-1 B

回春セルフ整体術 尾骨と恥骨を水平にすると愛と性が甦る
大庭史榔
105万人の体を変えたカリスマ整体師の秘技!! 薬なしで究極のセックスが100歳までできる！
840円 674-1 B

「腸内酵素力」で、ボケもがんも寄りつかない
髙畑宗明
アメリカでも酵素研究が評価される著者による腸の酵素の驚くべき役割と、活性化の秘訣公開
840円 676-1 B

実録・自衛隊パイロットたちが目撃したUFO 地球外生命は原発を見張っている
佐藤守
飛行時間3800時間の元空将が得た、14人の自衛官の証言!! 地球外生命は必ず存在する！
890円 677-1 D

臆病なワルで勝ち抜く！ 日本橋たいめいけん三代目「100年続ける」商売の作り方
茂出木浩司
色黒でチャラいが腕は超一流！ 創業昭和6年の老舗洋食店三代目の破天荒成功哲学が面白い
840円 678-1 C

「リアル不動心」メンタルトレーニング
佐山聡
初代タイガーマスク・佐山聡が編み出したストレスに克つ超簡単自律神経トレーニングバイブル
840円 680-1 A

人生を決めるのは脳が1割、腸が9割！ 「むくみ腸」を治せば仕事も恋愛もうまく行く
小林弘幸
「むくみ腸」が5ミリやせれば、ウエストは5センチもやせる、人生は5倍に大きく広がる!!
840円 681-1 B

「反日モンスター」はこうして作られた 狂暴化する韓国人の心の中の怪物〈ケムル〉
崔碩栄
韓国社会で猛威を振るう「反日モンスター」が制御不能にまで巨大化した本当の理由とは!?
890円 682-1 C

男性漂流 男たちは何におびえているか
奥田祥子
婚活地獄、仮面イクメン、シングル介護、更年期。密着10年、哀しくも愛しい中年男性の真実
880円 683-1 A

親の家のたたみ方
三星雅人
「住まない」「貸せない」「売れない」実家をどうする？ 第一人者が教示する実践的解決法!!
840円 684-1 A

表示価格はすべて本体価格（税別）です。本体価格は変更することがあります

講談社＋α新書

昭和50年の食事で、その腹は引っ込む　なぜ1975年に日本人が家で食べていたものが理想なのか
都築　毅
東北大学研究チームの実験データが実証した　あのころの普段の食事の驚くべき健康効果とは
840円 685-1 B

こんなに弱い中国人民解放軍
兵頭二十八
核攻撃は探知不能、ゆえに使用できず、最新鋭の戦闘機200機は「F-22」4機で全て撃墜さる!!
840円 686-1 C

巡航ミサイル1000億円で中国も北朝鮮も怖くない
北村　淳
世界最強の巡航ミサイルでアジアの最強国に!! 中国と北朝鮮の核を無力化し「永久平和」を!
920円 687-1 C

私は15キロ痩せるのも太るのも簡単だ! クワバラ式体重管理メソッド
桑原弘樹
ミスワールドやトップアスリート100人も実践!! 体重を半年間で30キロ自在に変動させる方法!
840円 688-1 B

「カロリーゼロ」はかえって太る!
大西睦子
ハーバード最新研究でわかった「肥満・糖質・酒」の新常識! 低炭水化物ビールに要注意!!
800円 689-1 B

銀座・資本論　21世紀の幸福な「商売《あきない》」とはなにか?
渡辺　新
マルクスもピケティもていねいでこまめな銀座の商いの流儀を知ればビックリするハズ!?
840円 690-1 C

「持たない」で儲ける会社　現場に転がっていたゼロベースの成功戦略
西村克己
ビジネス戦略をわかりやすい解説で実践まで導く著者が、39の実例からビジネス脳を刺激する
840円 692-1 C

LGBT初級講座　**まずは、ゲイの友だちをつくりなさい**
松中　権
バレないチカラ、盛るチカラ、二股力、座持ち力…ゲイ能力を身につければあなたも超ハッピーに
840円 693-1 A

医者任せが命を縮める　**ムダながん治療を受けない64の知恵**
小野寺時夫
「先生にお任せします」は禁句! 無謀な手術、抗がん剤の乱用で苦しむ患者を救う福音書!
840円 694-1 B

「悪い脂が消える体」のつくり方　肉をどんどん食べて100歳まで元気に生きる
吉川敏一
脂っこい肉などを食べることが悪いのではない、それを体内で酸化させなければ、元気で長生き
840円 695-1 B

2枚目の名刺　未来を変える働き方
米倉誠一郎
イノベーション研究の第一人者が贈る新機軸!! 名刺からはじめる〝寄り道的働き方〟のススメ
840円 696-1 C

表示価格はすべて本体価格（税別）です。本体価格は変更することがあります

講談社＋α新書

ローマ法王に米を食べさせた男 過疎の村を救ったスーパー公務員は何をしたか？
高野誠鮮
ローマ法王、木村秋則、NASA、首相も味方にして限界集落から脱却させた公務員の活躍！
890円 697-1 C

格差社会で金持ちこそが滅びる
ルディー和子
人類の起源、国際慣習から「常識のウソ」を突き真の成功法則と日本人像を提言する画期的一冊
840円 698-1 C

天才のノート術 連想が連想を呼ぶマインドマップ®〈内山式〉超思考法
内山雅人
ノートの使い方を変えれば人生が変わる。マインドマップを活用した思考術を第一人者が教示
880円 699-1 C

イスラム聖戦テロの脅威 日本はジハード主義と闘えるのか
松本光弘
どうなるイスラム国。外事警察の司令塔の情報分析。佐藤優、高橋和夫、福田和也各氏絶賛！
920円 700-1 C

悲しみを抱きしめて 御巣鷹・日航機墜落事故の30年
西村匡史
悲劇の事故から30年。深い悲しみの果てに遺族たちが掴んだ一筋の希望とは。涙と感動の物語
890円 701-1 A

フランス人は人生を三分割して味わい尽くす
吉村葉子
フランス人と日本人のいいとこ取りで暮らせたら、人生はこんなに豊かで楽しくなる！
800円 702-1 A

専業主婦で儲ける！ サラリーマン家計を破綻から救う世界一シンプルな方法
井戸美枝
「103万円の壁」に騙されるな。夫の給料UP、節約、資産運用より早く確実な生き残り術
840円 703-1 D

75・5%の人が性格を変えて成功できる 心理学×統計学「ディグラム性格診断」が明かす〈あなたの真実〉
木原誠太郎×ディグラム・ラボ
怖いほど当たると話題のディグラムで性格タイプ別に行動を変えれば人生はみんなうまくいく
880円 704-1 A

10歳若返る！ トウガラシを食べて体をねじるダイエット健康法
松井薫
美魔女も実践して若返り、血流が大幅に向上!! 脂肪を燃やしながら体の内側から健康になる!!
840円 708-1 B

「絶対ダマされない人」ほどダマされる
多田文明
「こちらは消費生活センターです」「郵便局です」……ウッカリ信じたらあなたもすぐエジキに！
840円 705-1 C

熟成・希少部位・塊焼き **日本の宝・和牛の真髄を食らい尽くす**
千葉祐士
牛と育ち、肉フェス連覇を果たした著者が明かす、和牛の美味しさの本当の基準とランキング
880円 706-1 B

表示価格はすべて本体価格（税別）です。本体価格は変更することがあります